MEINE FESTMENÜS

Wolfram Siebeck

Meine Festmenüs

Phantasievolle

Kreationen

für Weihnachten

und andere

Gelegenheiten

Fotografiert von Alexander Carroux

 Eichborn.

Mit freundlicher Unterstützung von CARTIER (»Les Maisons de Cartier«) und ALPINA (Weine und Champagner).

Porzellan und Tafeldekoration: *»Les Maisons de Cartier«*

Umschlag:	La Maison de Louis Cartier
Seite 8/9:	La Maison des Must
Seite 21:	La Maison Vénitienne (Corail)
Seite 28/29:	La Maison de l'Empereur
Seite 38/39:	La Maison Vénitienne (Jade)
Seite 58/59:	La Maison du Prince
Seite 101:	La Maison Vénitienne (Lapis)

© Vito von Eichborn GmbH & Co. Verlag KG, Frankfurt am Main
September 1993
Umschlaggestaltung: Rüdiger Morgenweck unter Verwendung
eines Fotos von Alexander Carroux
Fotos: Alexander Carroux
Rezeptausführung: Michael Reich
Projektmanagement: Waldemar Gregor Thomas
Gesamtgestaltung: Rosemarie Lauer
Satz: Fuldaer Verlagsanstalt GmbH, Fulda
Druck und Bindung: Graphicom, Vicenza, Italia
ISBN 3-8218-1319-9
Verlagsverzeichnis schickt gern:
Eichborn Verlag, Kaiserstraße 66, D-60329 Frankfurt am Main

INHALT

Vorwort

Mindestens einmal im Jahr stehen die kochenden Bewohner unseres Landes vor der Aufgabe, ein Festessen aufzutischen. Während Geburtstage und Hochzeiten gern im Restaurant gefeiert werden, ist das häusliche Weihnachtsessen eine immer noch intakte Tradition. Traditionell ist ebenfalls die Einfallslosigkeit in vielen Küchen, die sich in der schwer verdaulichen Weihnachtsgans, dem fetten Karpfen und dem Kartoffelsalat mit Mayonnaise offenbart. Seit auf unseren Märkten und in den Spezialgeschäften das Angebot an besseren Lebensmitteln kaum noch Wünsche offen läßt, haben wir die Möglichkeit, die Familienfeier in ein Festessen zu verwandeln.

Eine Kleinigkeit ist es jedoch in keinem Fall. Soll es auch nicht. Schließlich feiern wir nur einmal im Jahr so kulinarisch aus dem Vollen. Da kommt auch ein routinierter Hausmann wie ich schon mal ins Schleudern.

Das beginnt mit der Planung. Wieviele Personen werden wir sein? Sind Magenschwache darunter? Zuckersüchtige Kinder? Grätenscheue Angsthasen?

Vier Gänge, und die müssen zueinander passen: also nicht zweimal Sahnesauce; nicht Linsen, Reis und Dinkel hintereinander. Verlangt der erste Gang nach einem kräftigen Aroma, darf der zweite nicht sanfter sein – es sei denn eine Suppe. Suppen sind ein gutes Mittel, Asien von Europa zu trennen, das Saure vom Süßen. Nach einem Teller Suppe kann das Menü noch einmal beginnen.

Ich achte darauf, daß drei verschiedene Töpfe nicht gleichzeitig in den Backofen müssen; ich sorge dafür, daß ein Gericht schon am Vortag zubereitet werden kann. Schließlich muß ich mich vergewissern, daß es die Bestandteile meines Menüs auch wirklich zu kaufen gibt. Vorbestellungen sind dabei unerläßlich.

Ich halte diese Vorbereitungen für den wichtigsten und schwierigsten Teil eines Weihnachtsessens. Das Kochen selbst – so chaotisch es dabei manchmal auch zugeht – ist eher ein Spaß, in den die ganze Familie einbezogen wird. Ich fände es unfair und egoistisch, wenn sie vor dem Fernsehapparat zum x-ten Mal über Bing Crosby und »White Christmas« jubelten, während mir in der Küche der Schweiß in die Sauce tropft. Also werden sie energisch zur Mitarbeit herangezogen: so können sie hinterher nicht meckern, es war ja auch ihr Werk!

Vor fünfzehn Jahren habe ich begonnen, im ZEIT-magazin jedes Jahr ein Weihnachtsmenü zu beschreiben, das, abgesehen von den saisonalen Wild-Spezialitäten, auch an anderen Festtagen die Möglichkeit bietet, den Tag kulinarisch zu feiern.

Diese Menüs sind hier erstmals zusammengefaßt, was alle erleichtern wird, die die herausgerissenen Magazinseiten mühsam über die Jahre gerettet haben, und jene erfreut, denen sie verloren gegangen sind.

Die zusätzlichen Weinempfehlungen basieren auf meinen persönlichen Vorlieben. Verbindliche Vorschriften – welcher Wein zu welchem Essen – gibt es ebenso wenig, wie wir von keiner bestimmten Krawatte sagen können, sie passe besser zu einem Anzug als andere. Sowas hängt mehr von der Stimmung des Tages ab als von festen Regeln.

Menü 1

Marinierter
roher Lachs

Kerbelsuppe

Hasenrücken
mit
Rosenkohlpüree
und
Karottengemüse

Gratin
von
Orangen

Wenn eine moderne, das heißt unseren Lebensgewohnheiten angepaßte, Küche leicht und bekömmlich sein muß, wie leicht sollte dann erst das Weihnachtsmenü sein! Doch ausgerechnet an dem Tag, wo ununterbrochen genascht, geknabbert und geschleckt wird, muß es Gänsebraten mit Knödel sein. Dabei läßt sich mit den Techniken der modernen Küche ein nicht weniger festliches und doch extrem leichtes Menü herstellen, das, wie ich meine, einem Gänsebraten an Delikatesse weit überlegen ist.

MARINIERTER ROHER LACHS

Für 4 Personen:

1000 bis 1200 g roher Lachs am Stück, grüne Pfefferkörner, Olivenöl, Salz, 1 Zitrone; Lachskaviar zum Dekorieren

Manche, die ohne zu zögern rohes Fleisch essen (Tartar), schrecken bei dem Gedanken an rohen Fisch zurück. Sie versäumen damit eine der zartesten Vorspeisen: Rechnen Sie pro Person mit 250 bis 300 g; ein 15 cm langes Fischstück sollte es insgesamt mindestens sein. Dieses wird enthäutet und in dünne Scheiben geschnitten wie beim Räucherlachs. Dazu braucht man keine handwerkliche Geschicklichkeit, jedoch ein langes, dünnes Filetiermesser. Dennoch werden Sie auch damit keine gleichmäßig großen Scheiben abkriegen, sondern mehr oder weniger längliche Streifen, und gleichmäßig dick sind die auch nicht immer. Deshalb werden sie einmal kurz zwischen zwei Brettchen gepreßt.

Diese Lachsstücke nebeneinander auf großen, gekühlten Tellern anrichten, leicht salzen und mit einigen grünen Pfefferkörnern würzen. Mit Olivenöl bepinseln und darauf einige Spritzer Zitronensaft geben.

Diesen nie mit ungeöltem Lachs in Berührung kommen lassen, weil das Fischfleisch dann weiß werden und auf kaltem Wege »garen« würde.

In der modernen Küche sind für solche Fischgerichte rote Pfefferkörner in Mode gekommen, ihr Geschmack ist aber sehr penetrant und erschlägt leicht den zarten Lachsgeschmack; ich rate ab. Wer Rotes liebt, sollte deshalb mit Lachskaviar dekorieren.

KERBELSUPPE

Für 4 Personen:

400 g Kerbel, 1 TL Butter, 1 l klare Fleischbrühe, 2 Eigelb, 3/8 l süße Sahne, Salz, Pfeffer, 1 Prise Curry, (evtl. 1 Kartoffel, 1 Handvoll Sauerampfer)

Pro Portion 100 g Kerbel waschen und naß mit 1 TL Butter im geschlossenen Topf zusammenfallen lassen. Mit klarer Fleischbrühe aufgießen und ca. 20 Minuten köcheln lassen. Durch ein Sieb passieren. Die Menge der Fleischbrühe richtet sich nach der Zahl der benötigten Portionen. Bei 4 Portionen 2 Eigelbe mit 3/8 l süßer Sahne verquirlen, in die Brühe gießen und erhitzen, bis die Suppe leicht sämig wird. Mit Salz und Pfeffer abschmecken und mit einer winzigen Prise Curry würzen. Aber Vorsicht: Wenn man dieses Gewürz herausschmeckt, war es bereits zuviel! Es soll die Suppe zwar abrunden, aber anonym bleiben. Hier handelt es sich um eine sehr leichte und geschmacklich zurückhaltende Version der Kerbelsuppe. Bei einem kleineren Essen geben in der Brühe gargekochte und durchpassierte Kartoffeln der Suppe mehr Volumen, eine Handvoll mitgekochter Sauerampfer mehr aromatische Intensität.

HASENRÜCKEN MIT ROSENKOHLPÜREE UND KAROTTENGEMÜSE

Für 4 Personen:

2 kleine Hasenrücken

3-4 Hasenläufe, Butterschmalz, 50 g Räucherspeck, 20 Wacholderbeeren, 1 Zwiebel, 1 Stange Lauch, 2 ganze und eine halbe Sellerieknolle, 5 große Karotten, Rotwein, Öl, 500 g Rosenkohl, 1 Becher Crème fraîche, 400 g Butter, 1 TL Zucker, 10 cl Hühnerbrühe, 1 unbehandelte Zitrone, 2 cl Madeira, Salz, schwarzer Pfeffer, Muskatnuß

Die gespickten Hasen- (und Rehrücken) in unseren Wildhandlungen sind für den aufgeklärten Feinschmecker ein deprimierender Anblick, der die Misere der deutschen Koch- und Eßgewohnheiten treffend illustriert. Ein Hasenrücken ist so zart wie ein Rinderfilet – wenn er genauso kurz gebraten wird. Dann aber ist Spickspeck sinnlos – er würde ja kaum warm werden. Ein Rücken müßte mindestens 1 Stunde im Ofen schmoren, damit der Speck eine Wirkung hat. Das aber wäre für den Rücken ein kulinarisches Todesurteil. Leider wird es bundesweit immer noch und immer wieder vollstreckt.

Einen frischen (!) ungespickten Hasenrücken sorgfältig von allen Häuten säubern. Junge Hasen sind zarter als alte, also möglichst kleine Rücken aussuchen. Einer reicht für 2 Portionen. Für die Sauce zusätzlich 3 Hasenläufe kaufen (bei 2 Rücken). Kleinhacken, mit den Abfällen vom Rücken in Butterschmalz anbraten, Schinkenabfälle oder Räucherspeck, 8 zerdrückte Wacholderbeeren, 1 Zwiebel, das Weiße einer Lauchstange, 1 taubeneigroßes Stück Sellerie, 1 große Karotte, alles grob gehackt, dazugeben, leicht angehen lassen, mit 1 Glas Rotwein ablöschen. Mit Wasser auffüllen und 3 Stunden köcheln lassen. Mehrmals abschäumen. Durchsieben und bei starker Hitze reduzieren.

Da es bei diesem Weihnachtsessen weder Kartoffeln, Nudeln oder Klöße gibt, brauchen wir wenig Sauce, also kann ich den Fond kräftig reduzieren, was seiner Qualität zugute kommt. Kalt stellen und vor dem endgültigen Gebrauch entfetten.

Die Rücken zwei Tage vor Gebrauch kaufen, mit geschrotetem schwarzen Pfeffer und 6 zerdrückten Wacholderbeeren pro Rücken einreiben. Mit Öl bepinseln, in Alu-Folie einwickeln und kalt lagern. Die an der Unterseite des Rückens befindlichen Hasenfilets sind sehr dünn, also wenig ergiebig und spielen hier keine Rolle.

Für je 2 Personen eine große Sellerieknolle schälen, halbieren und die Hälften aushöhlen, so daß zwei Schalen entstehen. Wasser mit Salz und Zitronensaft zum Kochen bringen. Die Sellerieschalen darin halbgar kochen (ungefähr 8-10 Min). Rosenkohlpüree herstellen (500 g geputzten Rosenkohl in wenig Wasser mit Salz knapp gar kochen. Abgießen und mit 1 Becher Crème fraîche, Cayennepfeffer, Salz und Muskat nicht zu fein pürieren), mit Zitronensaft deutlich säuerlich aromatisieren und mit 1 EL Butter abrunden.

Pro Person 1 große Karotte schälen und in kleine Würfel hacken, nicht einmal halb so groß wie Knobel-Würfel. In Salzwasser kurz blanchieren, herausnehmen, in kaltem Wasser abschrecken. All dies läßt sich in Ruhe vorbereiten. Die restliche Arbeit wird à la Minute verrichtet, also direkt vor dem Essen: Die Karottenwürfel in heißer Butter mit 1 TL Zucker angehen lassen, mit wenig Hühnerbrühe (darf aus der Dose sein) ablöschen und ohne Deckel glacieren lassen, das heißt, die Flüssigkeit muß verkochen; die Karottenstücke werden von einem karamelähnlichen Film überzogen, dürfen aber nicht matschig sein.

Die Sellerieschalen zu Ende garen (nicht zu weich!). Das heißgemachte Rosenkohlpüree sowie die Karotten in je eine Sellerieschale füllen. Diese sind eher als Dekoration gedacht. Obwohl eßbar, ist ihr kulinarischer Wert gering.

Die Hasenrücken ohne Folie in eine vorgeheizte Form (Reine oder gußeiserne Gratinierschale) legen – Fleisch nach oben – mit ¼ Pfund heißer Butter begießen, salzen und so hoch wie möglich in den heißen Backofen schieben. Nach 8 Minuten mit der Bratbutter bepinseln, nach 16 bis 18 Minuten herausnehmen: fertig!

Bei einem normalen Herd – einige Jahre im Gebrauch, nicht sonderlich heiß – soll-

ten kurzgebratene Speisen eigentlich immer bei größter Hitze gegart werden. Nur bei außergewöhnlich heißen Herden muß die Temperatur etwas zurückgestellt werden. Der Rücken soll ja von außen keine braune Kruste bekommen; die ist für Schweinebraten reserviert.

Während dieser Zeit wird die Sauce vollendet. Von der Schale einer ungespritzten Zitrone ½ TL feine, tannennadelgroße Stifte abschneiden und mit dem Fond aufkochen, bis pro Portion nur noch 2 EL übrigbleiben. Oft abschmecken und eventuell nachsalzen bzw. -pfeffern. Einen kleinen Schuß Madeira zugeben und zum Schluß – der Fond soll jetzt kräftig schmecken! – pro Portion mindestens 1 EL kaltgestellte Butterflocken mit dem Schneebesen unterrühren. Nicht mehr aufkochen! Wie immer ist das letzte Abschmecken der wichtigste Teil einer Saucenherstellung.

Den Hasenrücken 5 Minuten ruhen lassen, dann rechts und links am Rückgrat entlang einschneiden. Das Fleisch soll am Knochen und innen noch sehr rot sein! Nur dann ist es so butterweich und zart, daß man es jetzt mit einem Eßlöffel tranchieren kann. Die abgetrennten Fleischstreifen in schräge Scheiben schneiden. Mit der Sauce nappieren: ein delikates Festessen und ein Sieg über die Alte Deftigkeit.

GRATIN VON ORANGEN

**Für
4 Personen:**

*4 Orangen, 4 cl
Grand Marnier,
4 EL gehackte
Pistazien, 1 Becher
Crème fraîche,
1 EL Zucker,
1 Tütchen Vanille-
zucker*

Sevilla- oder Bitterorangen, die es nur in den Wintermonaten gibt, eignen sich am besten. Sie werden geschält, enthäutet und in Scheiben geschnitten. In eine Gratinierform legen, zuckern, großzügig mit Grand Marnier beträufeln und mit Pistazienkernen bestreuen. Mit gesüßter dicker Sahne (Crème fraîche) oder steif geschlagener süßer Schlagsahne bedecken. Mit Vanillezucker betreuen und unter den heißen Grill schieben, bis die Oberfläche braun wird. Die Orangenscheiben werden dabei kaum erwärmt.

Bei dieser Version besteht die Gefahr, daß die Sahne durch die Hitze flüssig wird. Man kann das Gratin durch Eigelbe oder Englische Crème festigen, wodurch es allerdings schwerer wird. Dem persönlichen Geschmack bleibt es auch überlassen, wie stark dabei gesüßt wird, wie dick die Sahneschicht ist und ob man Orangensirup mit Rum nimmt anstelle des Orangenlikörs. Nur sollte man nicht zu wenig machen: Davon nimmt jeder zweimal!

DIE WEINE

Bei kaltem Fisch, ob roh oder mariniert, macht man nichts falsch, wenn man dazu Champagner trinkt. Zu Suppen trinkt man eigentlich gar nichts, es sei denn ebenfalls Champagner. Also beginne ich dieses Menü mit einem Crémant de Cramant von Mumm, ein leichter, schwach moussierender Champagner.

Beim Hauptgericht jedoch, dem Hasenrücken, bevorzuge ich einen fruchtigen Bordeaux, wie den 1983er Ducru-Beaucaillou, ein 2ème Cru aus der Appellation Saint-Julien.

Zum Dessert – wie immer, wenn es süß wird – haben Süßweine ihre große Stunde. Der 1989er Riesling Grain Noble von Fend in Marlenheim (Elsaß) entspricht einer deutschen Beerenauslese und hat alles, was die feine Zunge braucht.

Menü 2

Spinatsuppe
mit Knoblauch

Halber Hummer
mit
Schalottenbutter

Masthuhn
mit
Morcheln

Kokoskuchen
Calypso

Eine gewisse Monotonie läßt sich bei Weihnachtsmenüs nicht übersehen; jedenfalls bei den Hauptgerichten ist das festliche Repertoire begrenzt. Ich meine nicht die allgegenwärtige Gans. Der Wildreichtum unserer Länder ist dafür ebenso verantwortlich wie die Schwierigkeit, andere, nichtalltägliche Produkte kaufen zu können. Zum Beispiel das körnergefütterte Freilandhuhn von mindestens 1,5 Kilo Gewicht, wie es als Bresse-Huhn den Feinschmeckern ein Begriff ist. Sein Vorzug liegt in der Konsistenz des Fleisches. Es ist fest, also nicht wässrig wie das der Batteriehühner, die Knochen sind dicker als bei jenen, und überhaupt sind es stabile Prachtexemplare, welche länger und glücklicher leben durften als andere. Man merkt es spätestens, wenn man sie vor dem Garen zerlegt. Sie müssen länger garen als Hühner aus der Schnellmast, ohne daß ich die Garzeit mit der Stoppuhr kontrollieren müßte. Ein Bresse-Huhn schmeckt auch (nämlich nach Huhn), wenn es zu lange gebraten und dadurch etwas trocken wurde. Ein solches Huhn steht bei diesem Menü im Mittelpunkt.

Der erste Gang ist eine Spinatsuppe, ihr folgt ein festlicher Hummer (in einer Miniportion), und nach dem Huhn beschließt ein Kokoskuchen ein wahrhaft großes Essen.

SPINATSUPPE MIT KNOBLAUCH

Für 4 Personen:

1 l Hühnerbouillon, 500 g grober Spinat, 4 Knoblauchzehen, Parmesan (ca. 50 g am Stück)

Der Hauptgang, das Huhn, versorgt mich mit dem wichtigsten Bestandteil dieser Suppe: Hühnerbouillon. Diese habe ich entfettet und durchgesiebt. Es ist, wie die Zutaten verraten, eine kräftige Bouillon, kein Krankensüppchen. Sodann brauche ich Spinat, und zwar von der grobblättrigen Sorte; der feine taugt nur für Salat. Sodann frischen Knoblauch und Parmesan (auch der nicht zu alt).

Der Spinat wird geputzt, gewaschen und naß, wie er ist, in einem zugedeckten Topf gar gedämpft. Das dauert gerade mal drei Minuten. Abtropfen lassen.

Die Knoblauchzehen (ich nehme pro Person eine) werden enthäutet und auf dem Trüffelhobel in sehr dünne Scheiben gehobelt. Der Parmesan wird frisch gerieben.

Die gut gesalzene Hühnerbouillon erhitzen, Knoblauch und den ausgedrückten Spinat dazugeben. Einmal aufkochen. Fertig. Das klingt so einfach, und das ist es auch. Aber von ihrer Schlichtheit läßt sich nur täuschen, wer die Suppe noch nicht probiert hat. Sie ist nämlich perfekt, ein Dreiklang von vollendeter Harmonie. In Teller füllen und nach Belieben mit dem Parmesan bestreuen.

Halber Hummer mit Schalottenbutter

Es gibt große und kleine Hummer. Erstere sind alt und grobfaserig. 600 Gramm ist die ideale Größe. Das ist nicht viel, und wenn ich davon nur eine Hälfte pro Person zuteile, so ist das normalerweise viel zu wenig. Aber wenn ich an das herumliegende Marzipan denke, an Spekulatius und die anderen Sattmacher, so muß das heute genügen.

Beim Einkauf ist darauf zu achten, daß die Hummer putzmunter sind. Die beim Fischhändler in ihrem Meerwasserbecken still vor sich hin meditieren, sollen das ruhig weiterhin tun. Ich will die unruhigen. Man hat ihnen die Scheren mit Gummiband zugebunden, damit sie mit ihren Beißerchen kein Unheil stiften. Mit den Hummern in der Tasche (eventuel mit feuchter Holzwolle ausgepolstert) eile ich ohne Umwege nach Hause. Weiterhin feucht gehalten, überstehen sie im Gemüsefach des Kühlschranks auch noch die nächsten Stunden. Leider brachen sie Meerwasser, um leben zu können. Es ist also zwecklos, sie in der Badewanne schwimmen zu lassen. Deshalb so schnell wie möglich in den Topf mit ihnen. Der muß groß und mit sprudelnd kochendem Wasser gefüllt sein. Da kommt jeweils ein Hummer kopfüber hinein, bis er sein Einverständnis zu Weiterverarbeitung gibt. Das ist nach rund 60 Sekunden der Fall. Dann wird er rausgenommen und mit einem schweren Messer der Länge nach in zwei Teile geschnitten. Die Scheren hacke ich ab und entferne das Gummiband. Die Hälften (wie gesagt: 1 pro Person) lege ich mit dem rohen Fleisch nach oben auf eine flache Bratform. Leicht salzen, etwas pfeffern. Auf dem Herd eine Schalottenbutter vorbereiten: 3 Schalotten sehr fein hacken, 200 g Süßrahmbutter in einem Töpfchen heiß werden lassen, die Schalotten zugeben und zusammen mit etwas Salz und 1 Prise Zucker zirka 8 Minuten kochen lassen. Die Schalotten müssen gar, dürfen aber nicht braun sein.

Die Bratform mit den Hummerhälften in den Ofen unter den heißen Grill schieben. Nach wenigen Minuten die Hälfte der Schalottenbutter über die Hummerhälften gießen. Während dieser Zeit brate ich die Scheren mit der Schale in einer sehr heißen Pfanne. Die müssen sich dunkelrot färben, dann ist das Fleisch innen gar. Insgesamt brauchen die Hummerhälften 6 Minuten. Dann ist das Fleisch innen noch glasig, also zart und saftig. Die Scheren in der Pfanne brauchen kaum länger. Sie werden entweder mit dem Nußknacker aufgebrochen, oder ich wickele sie in ein Handtuch und schlage sie mit der flachen Seite eines Küchenbeils auf. Ohne weiteren Firlefanz auf Teller legen und die restliche Schalottenbutter dazu.

MASTHUHN MIT MORCHELN

**Für
4 Personen:**

*1 frisches Huhn
von mindestens
1,5 kg*

*500 g Hühnerklein,
500 g Ochsenbrust,
1 Bund Suppenge-
müse, 1 Zwiebel,
2 Lorbeerblätter,
1 Zweig Thymian,
Muskatblüte,*

*getrocknete Spitz-
morcheln, Saft von
1 Zitrone,
4 cl Portwein,
2 Becher Sahne,
Hühnerbrühe, Salz,
Pfeffer,*

Bandnudeln

Wenn ich das Huhn kaufe (manchmal muß ich es vorbestellen!), lasse ich es vom Händler zusammenbinden. Da es mindestens 1,5 Kilo schwer ist, möglichst aber noch schwerer, nimmt es viel Platz ein, und oft ist der Topf nicht hoch genug. Zusammen mit dem Huhn kaufe ich noch Hühnerklein und einige Stücke Ochsenbrust; ideal wäre ein zusätzliches Suppenhuhn. All diese Zusätze setze ich mit dem üblichen Bouillongemüse auf und lasse sie am Vortag gründlich auskochen.

Am nächsten Tag wird die Brühe entfettet und durchgesiebt. Das ausgekochte Fleisch wird für einen anderen Zweck aufgehoben – wenn es denn überhaupt noch etwas taugt. Nun setze ich das zusammengebundene Huhn in die kalte Brühe. Es muß vollständig bedeckt sein. Zum Kochen bringen und unter dem Siedepunkt eine gute Stunde simmern lassen. Eventuell aufsteigender Schaum wird abgeschöpft. Obwohl die Brühe bereits gewürzt ist, lege ich noch einen Zweig Thymian hinein, gebe etwas Muskatblüte dazu, sowie, nach dem Abschmecken, Salz und Pfeffer.

Inzwischen bereite ich die Morcheln zu. Morcheln sind nach den Trüffeln die teuersten Pilze. Frisch gibt es sie kaum zu kaufen; getrocknet sind sie sehr ergiebig. Beim Einkauf achte ich darauf, daß sie gleichmäßig groß sind, und zwar sind kleine bis mittelgroße den ganz großen vorzuziehen. Ganz groß bedeutet im getrockneten Zustand ungefähr 4 Zentimeter. Sie werden in lauwarmem Wasser mindestens 4 Stunden eingeweicht, dürfen aber auch länger im Wasser liegen. Nur muß es viel Wasser sein, da sie ihr Volumen mindestens verdoppeln. Danach drücke ich sie über dem Einweichwasser aus und wasche sie mehrmals sehr gründlich unter fließendem Wasser, da sich in den Lamellen immer Sand versteckt. Der liegt auch auf dem Boden des Gefäßes, in dem ich sie eingeweicht hatte. Das braun gewordenen Wasser gieße ich vorsichtig durch ein Filterpapier in einen Kochtopf. Es enthält viel vom Aroma der Pilze, und diese werden jetzt darin gekocht, zirka 40 Minuten. Gewürzt wird mit etwas Zitronensaft, Salz und einem Guß Portwein. Die Hitze soll groß sein, damit die Flüssigkeit bis auf einen geringen, konzentrierten Rest einkocht. Dahinein gieße ich nach und nach Hühnerbrühe und die Sahne. Immer wieder einkochen lassen; die sich so bildende Sauce soll hellbraun sein. Und himmlisch schmecken! Dem werde ich eventuell durch zusätzliches Würzen nachhelfen müssen. Also je nach Bedarf Salz, Zitrone oder Portwein. Am Anfang, als die Morcheln noch im Einweichwasser kochten, habe ich das Huhn aus der Brühe genommen (welche ich für die Spinatsuppe verwende) und enthäutet. (Die Haut eines gekochten Huhns ist nicht gerade das, was ich mir unter einem Festessen vorstelle.) Daraufhin wird es in Portionsstücke zerteilt. Diese lege ich zu den Morcheln in die Sauce, erhitze alles miteinander und fülle den köstlichen Schmackofatz in eine Servierschüssel. Dazu gibt es schmale Bandnudeln.

KOKOSKUCHEN CALYPSO

Teig:

180 g Mehl, 140 g Butter, 70 g Zucker, 1 Eigelb, 1 Prise Salz

Belag:

100 g Kokosflokken, 2 Eier, 100 g Zucker, 70 g Sahne, 100 g kandierte Ananasstückchen, 0,1 l Milch, 1 Zitrone, weißer Rum

Diese leicht exotische Leckerei besteht aus Mürbeteig, auf dem Kokosraspel und Ananas liegen.

Alle Zutaten für den Mürbeteig verkneten und 1 Stunde kühl lagern.

Die Ananasstückchen werden sehr fein gehackt und 1 Stunde in dem Saft der Zitrone und 4 EL Rum mariniert. Ab und zu umrühren. Die Milch erwärmen und darin die Kokosflocken 20 Minuten einweichen. Die Eigelb mit dem Zucker schaumig schlagen und mit der ungeschlagenen Sahne und den Kokosflocken vermischen. Das Eiweiß steif schlagen und unter die Masse ziehen.

Den Mürbeteig ausrollen, in eine Tortenform mit einem Durchmesser von 24 cm legen und andrücken. Überstehende Ränder mit dem Nudelholz abrollen. Den Boden mehrfach mit einer Gabel einstechen. Darauf die Ananasstückchen verteilen und die Kokospampe darübergießen. Auf dem Boden des 180 Grad heißen Backofens eine gute halbe Stunde backen. Auskühlen und 12 Stunden durchziehen lassen.

DIE WEINE

Zur Suppe ein Sherry, trocken oder halbtrocken.

Der Hummer braucht unbedingt einen kräftigen Chardonnay. Ein 1989er Meursault-Charmes 1er Cru, z.B. von Monnier, wäre ideal. Er paßt auch zum Huhn mit Morcheln.

Wer dazu lieber einen Roten trinken will, dem empfehle ich einen Volnay Cailleret von der Domaine de la Pousse d'Or, ebenfalls aus Burgund.

Und zum Kokoskuchen sollte es ein Edelsüßer sein: eine halbe Flasche 1990er Muskateller Beerenauslese vom Weingut Blankenhornsberg in Ihringen am Kaiserstuhl.

Menü 3

Tagliatelle
mit
Gorgonzola-Sauce

Passierte
Fischsuppe

7-Stunden-
Lammkeule
mit glasierten
Karotten

Orangenparfait
mit
Mandelkuchen

Es kommt noch soweit, daß wir wieder eine Weihnachtsgans auf den Tisch bringen, in knöcheltiefem Fett schwimmend, mit Bratäpfeln und Maronen und anschließender Gallenkolik. Denn Kalbfleisch ist, wie wir erfahren haben, noch ungesünder; Wild auf eine andere Weise ebenfalls vergiftet. Die Fasanen schmecken weniger nach Fasan als Kaninchen, sind aber ungleich teurer. Hummer in unseren Breiten hungern im Winter traditionsgemäß und sind entsprechend mager; Schweinefleisch, nein danke, und vom Rind, dem guten alten Rouladenproduzenten, liegen noch trockene Reste im Kühlschrank. Also Lamm.

Noch ist nicht bekannt, womit die Züchter den Lämmern die Wolle waschen; deshalb hoffen wir, daß Lammfleisch frei sei von Zusätzen. Ich finde es bekömmlicher und aromatischer als fast alle Fleischsorten. Es läßt sich problemlos zubereiten und ist, vergleicht man Preis und Qualität, fast billig zu nennen. Zu Weihnachten ist die Deutsche Familie vollzählig, da reicht der zarte, schmale Lammrücken nicht aus, eine Keule muß es schon sein. (Ich rechne mit 6-8 Personen.)

Lamm wird alles genannt, was Bäh macht und bis zu ein Jahr alt ist; stinkende Alt-Hammel gibt es praktisch nicht mehr. Am häufigsten finde ich irisches Lamm auf dem Markt, es ist auch die beste der gängigen Sorten. Da wiegt die Keule 2-3 kg.

Ganz wichtig: Vor dem Braten muß die Keule vollständig von jeglichem Fett und der Haut befreit werden! Sonst könnten Sie ja gleich eine Gans braten. (Aber der Knochen bleibt drin.) Sieben Stunden im Ofen, das erscheint zunächst grotesk, wo wir uns doch haben überzeugen lassen, daß Lammfleisch rosa sein soll, was ja in höchstens zwei Stunden erreicht wird. Was passiert aber in sieben Stunden? Erstaunlich wenig – weil mit sehr niedrigen Temperaturen gebraten wird. Der Witz der Langzeit-Methode ist außerdem, daß das um die Keule herumgelegte Gemüse eine wunderbare Saucenbasis abgibt. Fonds sind dabei ebensowenig nötig wie Butter und Sahne! Also trotz allem leichte Kost.

TAGLIATELLE MIT GORGONZOLA-SAUCE

Für 4 Personen:

4 Hände voll Tagliatelle, 2 EL Olivenöl, ¹/₈ l Sahne (Crème fraîche), 4–6 Salbeiblätter, 125 g Gorgonzola, schwarzer Pfeffer

Tagliatelle sind Bandnudeln. Die Italiener essen sie bekanntlich nicht als Beilage zum Fleisch, sondern als Vorgericht, um den ersten Hunger zu besänftigen und den Magen versöhnlich zu stimmen. Das ist auch die Funktion der Nudeln in diesem Menu. Machen Sie sie nicht selbst; ich bin der Meinung, daß sich der Aufwand in den seltensten Fällen lohnt; es gibt erstklassige Fertigfabrikate.

Pro Person 1 Handvoll in kräftig gesalzenem Wasser mit 2 EL Olivenöl garkochen. Für die Sauce die Sahne mit den Salbeiblättern köcheln lassen, Gorgonzola hineinbröseln, mitkochen lassen. Eventuell etwas salzen, vielleicht etwas Sahne oder Crème fraîche dazu – viel Sauce soll es nicht sein. Die fertigen Nudeln in die Sauce rühren, auf Tellern anrichten, mit grob geschrotetem, schwarzem Pfeffer bestreuen.

PASSIERTE FISCHSUPPE

**Für
6-8 Personen:**

*1¹/2 kg Fisch (Köpfe
vom Lachs, Schell-
fisch, Lotte; kleine
Rougets, Weiß-
fische; Stücke von
Heilbutt, Seeaal
etc., kein Karpfen,
keine Makrele),
300 g Zwiebeln,
300 g Tomaten,
1 Stange Lauch,
1 Fenchelknolle,
2 Karotten,
etwas Sellerie;
2 Zehen Knoblauch,
1 TL Thymian,
2 TL geriebene
Orangenschale,
¹/2 TL Safran,
Pastis, Cayenne-
pfeffer, Butter,
Weißbrot*

Unter einer guten Fischsuppe verstehe ich eine passierte Fischsuppe. Und unter diesen schmeckt mir die südfranzösische Version am besten. Das liegt weniger an den Mittelmeerfischen, die einen Teil dieser Suppe ausmachen. (Heute; früher bestand sie selbstverständlich nur aus Fischen, die vor der Küste gefangen wurden.) Es liegt an den drei dominierenden Aromen: Safran, Pastis und Knoblauch.

Was die Fische angeht, so bin ich der Meinung, daß, unserem Marktangebot entsprechend, auch Nordseefische in der Suppe erlaubt sein sollten.

Alle Gemüse waschen und kleinschneiden, die Karotten reiben. Alles zusammen in einem großen Topf in Olivenöl andünsten. Die kleingeschnittenen Fische und die Gewürze dazugeben, mit Wasser bedecken und 20-30 Minuten köcheln lassen, bis alle Bestandteile weichgekocht sind. Durch ein Spitzsieb passieren, Gemüse und Fischstücke gut auspressen, wegwerfen. Die Suppe mit Cayennepfeffer und dem Pastis (Pernod oder Ricard) abschmecken.

Das können Sie einige Stunden vor dem Essen machen, der Suppe schadet es nicht. Würflig geschnittenes Weißbrot in reichlich Butter anrösten und vor dem Servieren in die heiße Suppe geben. Sie wird vom Safran und den Karotten eine gelb-rötliche Farbe haben, darf aber etwas scharf sein und sollte so kräftig schmecken, daß der übliche Parmesan überflüssig ist.

7-STUNDEN-LAMMKEULE
MIT GLASIERTEN KAROTTEN

**Für
6-8 Personen:**

*1 ganze Lammkeu-
le, Olivenöl zum
Braten, je 1 TL ge-
riebener Rosmarin
und Thymian, je
500 g Zwiebeln
und Tomaten,
3 Karotten,
1 Petersilienwurzel,
1 kleines Stück Sel-
lerie, 3 Knoblauch-
zehen, 3 Lorbeer-
blätter, Rotwein,
Salz, Pfeffer,*

*1,2 kg Karotten,
2 EL Butter, 1 Prise
Zucker, Petersilie*

Da ich am Weihnachtsmorgen auf keinen Fall schon um 6 Uhr in der Küche stehen möchte, brate ich die Keule schon am Abend vorher an: in Olivenöl vorsichtig aber gründlich, von allen Seiten. Danach großzügig mit Rosmarin und Thymian bestreuen und pfeffern (grob, schwarz, aus der Mühle). In den auf 250° vorgeheizten Ofen legen, nach 30 Minuten auf 180° herunterschalten (bei guten Herden genügen 150°). Die Keule gründlich salzen. Zwiebeln und Tomaten, Karotten, die Petersilienwurzel, etwas Sellerie, Knoblauchzehen kleinschneiden, mit den Lorbeerblättern zum Fleisch legen, ebenfalls salzen. Zunächst noch 30 Minuten offen braten, dann Deckel drauf (wenn Sie einen gro-ßen Bräter haben) oder mit Alu-Folie abdecken. 3 Stunden schmoren lassen. Während dieser Zeit die Keule mehrmals wenden, das Gemüse vermengen und abschmecken.

Am nächsten Morgen wieder auf 180° (150°) erhitzen, weitere 2 Stunden schmoren, dann Deckel ab bzw. Folie entfernen. Die Keule darf immer noch nicht braun und kaum geschrumpft sein. Das geschieht in der letzten Stunde Bratzeit, deshalb häufig wenden und, wenn nötig, Rotwein angießen. (Côte du Rhône oder Beaujolais oder Rioja), viel-leicht aber auch die Temperatur erhöhen; das müssen Sie im Gefühl haben. Nach rund 7 Stunden ist die Keule jedenfalls ein richtig altmodischer, mürber Braten geworden.

Herausnehmen und warmstellen. Alle Gemüsereste und den Bratensaft mit Rotwein auf starkem Feuer einkochen, durch ein feines Sieb passieren, gut ausdrücken. Weiter ein-kochen, eventuell mit mehr Rotwein, aber keine Sahne, keine Butter! Abschmecken ist wie immer das Wichtigste in dieser Phase, und wenn Sie glauben, nun hätten Sie eine noch nie dagewesene Supersauce in der Kasserolle, dann wird das schon stimmen, und Sie haben es geschafft.

Die Karotten schälen und in 2,5 cm lange und 1 cm dicke Stücke schneiden, in Butter andünsten, salzen, eine gute Prise Zucker dazu und zur Hälfte mit Wasser auffüllen. Bei geschlossenem Deckel 10-12 Minuten köcheln lassen. Deckel weg und die Flüssigkeit völ-lig verkochen lassen, dabei dürfen die Karotten aber nicht zu weich werden (Saft even-tuell abschütten). Die Stücke sollen schließlich mit einer glänzenden Glasur überzogen sein. Dazu braucht man etwas Fingerspitzengefühl, damit nichts anbrennt, und man muß wissen, ob noch etwas Butter, noch eine Prise Zucker nötig sind. Bloß mehlig-weich dürfen die Karotten auf keinen Fall werden! Um die Lammkeule legen, mit ge-hackter Petersilie bestreuen. Die leicht süßen Karotten zur kräftigen, fein-säuerlichen Bratensauce: zum Augenverdrehen!

ORANGENPARFAIT MIT MANDELKUCHEN

Parfait:

140 g Zucker, 5 Eigelb, 4 EL Grand Marnier, 3 EL bittere Orangenmarmelade, 1/2 l süße Sahne, etwas Bitterschokolade

Kuchen:

125 g Butter, 7 Eier, 200 g Zucker, 300 g feingemahlene Mandeln, 4 Scheiben geriebener Zwieback, 200 g kleingehackte Bitterschokolade 1. Qualität, 4 1/2 EL Kirschwasser

Das Dessert muß einen Tag im voraus gemacht werden, damit der Kuchen gut durchzieht und das Parfait gefriert.

Orangenparfait: Es hat, wie alle Parfaits, den Vorzug, daß man für seine Zubereitung keine Eismaschine braucht. Die großen Anteile an Sahne, Zucker und Eigelb verhindern die Bildung knirschender Eiskristalle und sorgen automatisch für Geschmeidigkeit.

Zuerst die Eigelb cremig und weißgelb rühren, dann mit dem Zucker zu heller Crème schlagen. Grand Marnier und Marmelade dazugeben. Ich empfehle keine feine Old English Marmelade, sondern Sevilla-Marmelade in Dosen aus Südafrika, die preiswerter und auch geeigneter (weil bitterer) ist; ich verrühre sie überdies mit dem Saft einer halben Zitrone. Die Sahne steif schlagen, unter die Masse ziehen. In eine Terrinenform oder ein ähnliches Gefäß füllen, mit geriebener Schokolade bestäuben und über Nacht ins Eisfach stellen (stärkste Kältestufe). Morgens die Kälte auf normal reduzieren.

Mandelkuchen: Die sehr weiche Butter mit den Eigelb und dem Zucker schaumig rühren. Die Mandeln, Schokolade, Zwieback und das Kirschwasser untermischen. Die Eiweiß steif schlagen, 1 EL mit der Masse verrühren, den Rest vorsichtig unterziehen. Eine 25-cm-Kastenform ausbuttern, die Masse einfüllen. Bei 180° ca. 1 Stunde backen.

Parfait und Kuchen zusammen servieren und essen, eine selten delikate Kombination, Barbara fecit.

DIE WEINE

Zur italienischen Vorspeise ein Schweizer Weißwein aus dem Wallis, das ist naheliegend. Ich plädiere für einen Sauvignon blanc mit deutlicher Säure, wie ihn Provins in Sierre herstellt.

Der Wein zur Fischsuppe ist auch weiß, aber französisch. Er stammt aus dem Rhônetal: ein Viognier von der Domaine Sainte Anne bei Bognols-sur-Sèze. Das ist die gleiche Traubensorte, die für den renommierten Condrieu verarbeitet wird, der weiter nördlich bei Vienne wächst.

Für die Lammkeule muß ein kräftiger Rotwein her, zum Beispiel ein tiefdunkler Cahors wie der 1985er oder 1989er Château Lagrézette.

Zum Dessert aber – vor allem wegen des Mandelkuchens – empfehle ich eine Gewürztraminer Auslese vom Weingut Ökonomierat Rebholz in Siebeldingen, deren Süße eher verhalten ist.

Menü 4

Linsensalat
mit
Wachtelbrüsten

Zanderfilet
auf Grenobler Art

Rehragout
mit Apfelgratin

Zimtparfait
mit Burgunder-
pflaumen

Die verwendeten Produkte stammen – fast – alle aus deutschen Landen, und die einzelnen Gerichte habe ich, bis auf den Fisch, zuerst und am perfektesten in deutschen Restaurants gegessen: Den Linsensalat, ein wenig anders, in den Küchen von Vater und Sohn Franz Keller, also in Oberbergen und Köln; das Rehragout im »Le Gourmet« in München (wo es mit einer Blutsauce serviert wurde); das Apfelgratin schließlich im Berliner »Maître«. Den jeweiligen Köchen bin ich also – wie ich hoffe, auch die Leser, die sich die Mühe machen werden, dies hier nachzukochen – zu Dank verpflichtet.

Jedes Jahr stellt sich dasselbe Problem: Ein Menu, das sich von Anfang bis Ende vorbereiten läßt und nur noch aufgewärmt werden muß, oder Gerichte, bei denen es nicht darauf ankommt, ob sie eine halbe Stunde mehr oder weniger im Ofen schmoren, sind zwar bequem für die Hausfrau, entsprechen aber nicht den Vorstellungen, die ich von einem Festessen habe.

Also läßt es sich nicht vermeiden, daß die Hausfrau nach dem ersten Gang aufstehen und den Fisch garen muß, und nach dem Fisch das Reh. Dazu braucht sie allerdings jeweils nur wenige Minuten, das ist der Vorteil dieses Menus – abgesehen von seiner Delikatesse, die ich »elegant« nennen möchte und die dem entspricht, was ich unter einer modernen Feinen Küche verstehe.

LINSENSALAT MIT WACHTELBRÜSTEN

**Für
4 Personen:**

250 g kleine Linsen, 1 Bouquet Garni aus Lorbeerblatt, Petersilie und Thymianzweig

*Nußöl,
Sherry-Essig,
2 Schalotten,
1/2 Knoblauchzehe*

*4 Wachteln, Butter,
Salz, Pfeffer,
Baguette*

Der Linsensalat wird natürlich vorbereitet. Für ihn sollte man sich unbedingt die winzigen, dunklen Linsen besorgen, die es vor allem in Reformhäusern gibt. Sie sind viel schneller gar und viel weniger mehlig als die bekannten hellbraunen; sättigen auch nicht sehr. Pro Person setzt man ca. 60 Gramm in leicht gesalzenem Wasser mit einem Kräuterbündel (Bouquet garni) auf und läßt sie ungefähr 20 Minuten kochen. Die Linsen sollten noch einen leichten Biß haben. Gut abtropfen lassen.

Eine Vinaigrette herstellen aus Nußöl, Sherry-Essig, sehr fein gehackten Schalotten und wenig Knoblauch. Die Salatsauce muß eindeutig saurer und auch mehr sein, als man sie üblicherweise für einen grünen Salat macht. (Salz und Pfeffer zum Abschmecken sind obligatorisch.) Linsen und Vinaigrette vermischen, eventuell nachwürzen: Der Geschmack sollte eher herzhaft sein als sanft!

Bereits vorher hat man pro Person eine Wachtel ausgelöst, also mit einem scharfen, spitzen Messer am Brustbein entlang auf jeder Seite das Brustfleisch mit Haut und dem anhängenden Bein von den Knochen gelöst und abgeschnitten. Das ist nicht schwer. Kurz vor dem Servieren werden diese Wachtelhälften in schäumender Butter mit wenig Salz nur ganz kurz angebraten (2 Minuten) und auf die Linsen gelegt.

Die Wachteln dürfen traditionellerweise mit den Fingern gegessen werden, dabei dient der kleine Beinknochen als »Griff«. Der Salat schmeckt mir besonders gut, wenn er insgesamt lauwarm ist. Dazu aufgebackenes Stangenbrot und salzige Butter.

ZANDERFILET AUF GRENOBLER ART

**Für
4 Personen:**

*ca. 500 g Zander-
filet, 150 g Butter,
2 Zitronen,
4 EL Kapern*

»Auf Grenobler Art« bedeutet, daß ein Fischfilet in Butter gebraten und mit Zitronenwürfeln und Kapern bestreut wird. Damit wäre eigentlich der zweite Gang auch schon beschrieben, denn mehr Arbeit ist damit nicht verbunden. Es muß auch nicht unbedingt Zander sein. Eglifilets oder Filets vom Steinbutt eignen sich genauso gut, natürlich auch Seezungenfilets. Nur Lachs, Forelle, Hering, Schellfisch geraten auf andere Art und Weise besser. Bei Rotbarschfilets kann ein Versuch gelingen – Fischeinkauf ist bekanntlich Glückssache. Wenn Sie vorbestellen, wird der Fischhändler die Zanderfilets hoffentlich auslösen.

Pro Person braucht man nicht mehr als ein Stück Filet von der Größe einer Kinderhand. Wichtig sind die kurze Bratzeit und die geringe Temperatur: Die Butter darf gerade nur schäumen, dann muß das gesalzene Filet hinein. Es darf nicht braun werden und muß nach 2 bis 3 Minuten auf den Teller. Nur so bleibt es innen saftig!

Mehl, Milch oder Brösel, diese Requisiten einer veralteten Küche, sind hier überflüssig. Aber sparen Sie nicht mit der Butter! Sie ist ja gleichzeitig Sauce, in die Sie Zitronensaft träufeln (nach Gespür und Geschmack). Auf die fertigen Filets streuen Sie kleine Würfel aus enthäuteten Zitronenschnitzeln. In die Bratbutter (sollte sie braun geworden sein, muß sie unbedingt durch neue ersetzt werden!) kommt etwas Zitronensaft und pro Portion 1 EL abgetropfte Kapern. Diese Sauce wird über die angerichteten Filets gelöffelt; leicht zu kochen, leicht zu essen, aber schwer zu übertreffen.

Rehragout mit Apfelgratin

Für
4 Personen:

*4 feste große Äpfel,
1 Zitrone, 1 Becher
süße Sahne, 1 Be-
cher Crème fraîche*

*1 kg schieres Fleisch
aus der Rehkeule*

*500 g Wildabfälle
und -knochen, 50 g
Räucherspeck, Rot-
wein, 1 Bund Sup-
pengemüse, 1 Zwie-
bel, 1 Lorbeerblatt,
Pfefferkörner, Wa-
cholderbeeren,*

*300 g Butter,
1 EL Weinessig,
1 TL scharfer Senf,
2 EL Preißelbeeren,
4 cl Madeira*

Damit es weiterhin leicht bleibt, gibt es zum Rehragout nichts anderes als das Apfelgra-tin. Dafür werden geschälte und ausgestochene Äpfel (feste, saure Sorte) auf dem Gurken-hobel in 2-3 mm dünne Ringe gehobelt und in eine ausgebutterte, feuerfeste Form so ge-legt, daß sie dachziegelartig, dicht an dicht nebeneinanderliegen.

Es empfiehlt sich, weit mehr davon zu machen, als man zu brauchen glaubt (es schmeckt irre gut!), und eine Form zu nehmen, die man auch auf den Tisch stellen kann. Die Apfelringe werden mit Zitronensaft beträufelt und mit einer Mischung aus Sahne und Crème fraîche fast bedeckt. Im Ofen bei mittlerer Hitze circa 20 Minuten backen lassen, bis sie oben goldgelb werden.

Das Ragout hat man auch ein wenig vorbereiten können. Es unterscheidet sich von an-deren Ragouts dadurch, daß es nicht aus der Schulter geschnitten wird, sondern aus ei-nem Stück, das nach landläufiger Ansicht viel zu schade dafür ist: aus der Keule. Diese darf weder eingefroren noch eingelegt gewesen sein. Will man sie mehrere Tage lagern, so legt man sie vollständig in Öl ein.

Für das Ragout werden nur die schönsten Fleischstücke verwertet, also nur zusam-menhängende, feste und feinfaserige Muskelstücke, die vollständig von allen Häuten ge-säubert sein müssen, also pur und makellos sind wie bestes Filetfleisch. Daraus erst kurz vor dem Braten gleichmäßige Würfel von 3 cm Kantenlänge schneiden, so daß man sie später, nach dem Braten, noch einmal durchschneiden muß, um sie essen zu können.

Zu den Häuten sollten Sie sich weitere Wildabfälle und -knochen besorgen und daraus, einen oder zwei Tage vorher, einen kräftigen Wildfond kochen: wie einen normalen, braunen Fond, nur mit mehr Rotwein, mit Schinkenresten (oder Räucherspeck) und Wacholderbeeren; anschließend durchsieben. Erkaltet sollte er steif sein wie Pudding, so kann man ihn auch gut entfetten.

Die Fleischwürfel werden in einer großen Pfanne nur in Butter gebraten, das bedingt zwangsläufig eine nicht zu hohe Temperatur – auch hier, wie beim Fisch, wäre ein knusprig gebratenes Äußeres ein böses Mißgeschick. Nach 4-5 Minuten aus der Pfanne nehmen, kaum salzen und warmstellen.

Nun vollendet man die vorbereitete Sauce: Aufkochen, weiter reduzieren, 1 EL Wein-essig, 1 TL scharfen Senf hinzufügen, dann erst salzen und pfeffern (schwarz), ab-schmecken, wenige Preißelbeeren und einen Schuß Madeira drangeben, wieder ab-schmecken (immer wieder!), und schließlich, wenn das Fleisch bereits gebraten ist, mit dem Schneebesen kalte Butterstücke einmontieren; pro Portion zirca 50 g. Dabei und da-nach darf die Sauce nicht mehr kochen. Sollte sich unter dem ruhenden Ragout Saft ge-sammelt haben, kann er noch zur Sauce gegeben werden, *bevor* die Butter einmontiert wird. Nachher geht nichts mehr!

Beim Durchschneiden der Fleischwürfel müssen diese innen rosa sein wie ein Filet. (Vorsichtige Köche prüfen das schon während des Bratens!) Sie sind dann auch so zart wie ein Filet, nur schmecken sie besser. Dazu das Apfelgratin, in dem die Sahne leicht ge-flockt ist, sowie die kräftige Wildsauce – ach, wenn doch jede Woche Weihnachten wäre!

ZIMTPARFAIT MIT BURGUNDERPFLAUMEN

Für 6 Personen:

5 Eigelb, 125 g Zucker, 1/2 EL gemahlener Zimt, 2 EL Cognac, 1/2 l süße Sahne

ca. 36 Trockenpflaumen, 4 EL Honig, Rotwein (Burgunder, Côte du Rhône, Gigondas, Madiran etc.), bittere Orangenmarmelade

Beim Zimtparfait handelt es sich um ein sogenanntes Sahne-Halbgefrorenes, man braucht also keine Eismaschine oder ähnliches. Lediglich die Eigelb hellgelb und schaumig rühren, Zucker und gemahlenen Zimt dazugeben und weiterrühren, bis der Zucker aufgelöst und die Masse dick ist. Ca. 2 EL Cognac unterrühren, die süße Sahne steif schlagen und unterziehen. In eine hübsche Schüssel füllen. Mindestens 3 Stunden ins Gefrierfach und 1 Stunde vor dem Servieren in den normalen Eisschrank stellen. Zum Servieren einen Löffel in heißes Wasser tauchen.

Pflaumen zu Zimt, das ist logisch, weil die Geschmackskomposition an Weihnachten erinnert. Bei den dazu benötigten Trockenpflaumen – pro Portion genügen 6 Stück, aber warum nicht mehr machen, sie halten sich gut! – ist, wieder einmal, auf beste Qualitäten zu achten. Die besitzen die Kurpflaumen, auch Römer- oder Karlsbader Pflaumen genannt, die sind oft schon entkernt und am saftigsten. Ansonsten wären nur noch die französischen Trockenpflaumen aus Agen zu empfehlen.

Man legt sie (Kerne drinlassen!) nicht zu dicht nebeneinander in eine Schüssel. Ungefähr (bei 6 Portionen) 1/2 l Wasser mit 4 EL Honig aufsetzen und so lange kochen lassen, bis die Mischung zu einem süßen Sirup wird. Über die Pflaumen gießen. Diese sodann mit einem kräftigen und fruchtigen Rotwein bedecken, in dem 1 TL bittere Orangenmarmelade verrührt wurde. Besser noch: 1 TL in feinste Streifen geschnittene Schale von ungespritzten Bitterorangen.

Zugedeckt zwei Tage stehen lassen und vor Männern verstecken.

DIE WEINE

Linsensalate sind eine Spezialität der Region Lyon. Deshalb beginne ich traditionell mit einem Beaujolais; allerdings nicht mit einem populären Primeur; etwas Besseres darf es schon sein. Also ein Fleurie oder ein Brouilly.

Für das Zanderfilet hole ich einen meiner besten Weißweine aus dem Keller, einen Chardonnay: der 1988er Corton-Charlemagne von Laleure-Piot gehört zu den großen Burgundern.

Ein roter Burgunder wiederum würde gut zum Rehragout passen. Weniger klassisch wäre ein Crozes-Hermitage, zum Beispiel der Château Curson, einer der besten seiner Art: 100% Syrah!

Und zum Zimtparfait wird ein Banyuls getrunken oder ein Maurie. Beide stammen aus dem französisch-spanischen Grenzgebiet; sie sind dunkel und ähneln dem Portwein.

Menü 5

Quiche mit
Räucherlachs

Feldsalat
mit Entenleber

Enten-Consommé
mit Morcheln

Weiße Mousse mit
Lebkuchenaroma;
Birnensauce

Ein Festessen im Zeichen der Ente, das klingt vertraut, das scheint nicht weit von der Weihnachtsgans entfernt. Dennoch besteht zwischen den beiden ein himmelweiter Unterschied. Gewiß, auf die übliche Art gebraten, sind sie ziemlich schwerverdauliche Brocken, beide produzieren große Mengen Schmalz, für das ich heutzutage keine vernünftige Verwendung mehr finde.

Aber während man die Gans nur so braten kann, wie das schon unsere Großmütter machten, hat die Ente auch in der modernen Küche ihre Berechtigung. Besonders wenn sie, wie hier, gekocht wird. Auf eine Weise allerdings gekocht, die nicht an ein Suppenhuhn erinnert, sondern eher an jene klaren, geheimnisvoll unter einem Blätterteigdeckel versteckten Kraftbrühen der großen Restaurants.

Eine Edel-Consommé also, die diesmal jedoch keine Trüffeln und keine Foie gras enthält, sondern mageres Entenfleisch und Morcheln.

Vorher, weil Enten ja nun einmal Lebern haben (hoffentlich!), gibt's Salat mit gebratenen Entenlebern, davor eine Quiche mit Räucherlachs und hinterher eine weiße Mousse, die nach Lebkuchen schmeckt. Es darf geschluckt werden.

QUICHE MIT RÄUCHERLACHS

Teig:

250 g Mehl, 125 g Butter, 1 Eigelb, Salz, Wasser

Belag:

250 g Räucherlachs, 3 Eigelb, 2 Eiweiß, 1/4 l Sahne, 3 EL Crème fraîche, Salz, Pfeffer

Einen Mürbeteig aus Mehl, Butter, Eigelb, Salz und Wasser herstellen, 3 mm dünn ausrollen und in eine Form legen. Überstehende Ränder mit dem Nudelholz abrollen.

Den Teigboden dicht mit kleinen Würfeln von Räucherlachs belegen. Diese sollten nicht aus den üblichen dünnen Scheiben geschnitten sein. Es gilt also, im Feinkostgeschäft 2 (oder 4, je nach Bedarf) dicke Scheiben Räucherlachs zu verlangen. Dicke Endstücke, die meistens billiger verkauft werden, tun es auch.

Darauf wird eine Mischung aus den Eigelb, Eiweiß, der Sahne, 3 EL Crème fraîche, Salz und Pfeffer gegossen und die Form auf den Boden des auf 200° vorgeheizten Ofens gestellt. Die Hitze auf 150° reduzieren und so lange backen, bis die Masse stockt und goldbraun geworden ist.

Den Wunsch, den Räucherlachs mit Dill zu aromatisieren, sollten Sie unterdrücken. 20 Minuten später warm servieren.

FELDSALAT MIT ENTENLEBER

Für 4 Personen:

ca. 250 g Feldsalat, Walnußöl, Sherry-Essig, 1 Schalotte, Salz, Pfeffer, 1 Prise Zucker, 4 schöne Entenlebern, 100 g Butter

Vom Feldsalat müssen die Stiele entfernt werden. Die Blätter waschen und trocken schleudern. Aus Walnußöl, Sherry-Essig, der sehr fein gehackten Schalotte, Salz, Pfeffer, 1 Prise Zucker eine Vinaigrette herstellen.

Die Entenlebern von allen Nervensträngen säubern, wozu man sie am besten halbiert. In schäumender Butter vorsichtig anbraten, bis sie steif werden; innen sollen sie noch rosa sein. Herausnehmen, leicht salzen, auf die angerichteten Salatteller legen. Die Bratbutter weggießen und den Bratensatz in der Pfanne mit der Vinaigrette ablöschen, sei er auch noch so gering.

Etwas Geschmack wird die Salatsauce annehmen und auch warm werden. Und das soll sie. Über Lebern und Salat gießen. Wenn Ihnen die Enten ohne Lebern verkauft wurden, geht das auch mit Hühnerlebern.

ENTEN-CONSOMMÉ MIT MORCHELN

**Für
4-6 Personen:**

2–3 Enten

*Bouillon: 1 kg
Fleischknochen,
500 g Ochsen-
schwanz, Enten-
klein und -kno-
chen, 2 große Zwie-
beln, 250 g Möhren,
das Weiße von zwei
dicken Lauchstan-
gen, etwas Sellerie,
Lorbeerblätter,
1 TL Nelken, Pfef-
ferkörner, Salz*

*Zum Klären: pro
Person 150 g abso-
lut mageres Rinder-
hackfleisch,
1 Eiweiß*

*Einlage: pro Person
3–4 getrocknete
Morcheln, Kartof-
feln, Lauch, Karot-
ten, extra feine Erb-
sen (entweder aus
der Dose, oder, ja,
Sie lesen richtig:
tiefgefroren; anders
gibt es sie nämlich
nicht) und das fer-
tig gekochte Enten-
fleisch*

*(Blätterteig,
1 Eigelb, schwarzer
Pfeffer)*

Es gibt mehrere Sorten Enten; am häufigsten auf dem Markt sind die minderwertigsten, nämlich die großen, fetten Frühmastenten. Besser sind die kleineren Flugenten oder die französischen Barbarie-Enten. Ihr Fleisch ist fester, ihr Geschmack intensiver. Was auch immer Sie kaufen können (bloß keine tiefgefrorene!), eine Ente reicht für zwei Esser und für drei nur dann, wenn es keine hungrigen Halbwüchsigen sind.

Am Tag vorher: Von den Enten werden die Keulen abgetrennt und die Brüste ausgelöst. Ersteres ist ganz einfach; an die beiden Brusthälften kommen Sie besser ran, wenn Sie sie vorher enthäuten. Mit einem scharfen Messer ist das Auslösen dann kein Problem mehr. Die restliche Ente vollständig enthäuten und von jeglichem Fett befreien.

Alles andere – Flügel, Hals, Magen sowie das ganze Gerippe – kleinhacken und zusammen mit Ochsenschwanz und Fleischknochen in 4 l kaltem Wasser aufsetzen und zum Kochen bringen. Die Hitze sofort reduzieren und leise köcheln lassen. Die aufsteigenden Trübstoffe immer wieder abschöpfen. Dann erst das kleingeschnittene Suppengemüse mit 3 Lorbeerblättern und 1 TL Nelken hinzugeben, salzen, pfeffern. 3-4 Stunden ohne Deckel köcheln lassen.

In der letzten Stunde die enthäuteten Entenkeulen dazugeben. Die können schon nach 45 Minuten gar sein, das hängt von der Rasse ab und muß geprüft werden. Herausnehmen. Die Brühe durch ein Sieb abgießen. Die Entenkeulen wieder einlegen und kalt stellen. Am anderen Morgen wird das Fett auf der Brühe einen harten Deckel gebildet haben: abnehmen und wegwerfen. Knapp 1 l Brühe abfüllen und mit den Entenkeulen beiseite stellen.

Zum Klären und Kräftigen der Brühe vermischen Sie nun das Hackfleisch mit den Eiweiß, legen es auf den Boden eines Suppentopfes, gießen mit der kalten Brühe auf und bringen diese langsam zum Kochen. Sofort auf kleine Hitze stellen und 1 Stunde simmern lassen. Das Hackfleisch wird seine Kraft an die Brühe abgeben, gleichzeitig bindet das Eiweiß die Trübstoffe in der Brühe: diese wird zur klaren Consommé! Noch einmal durchs Haarsieb und mit Salz abschmecken. Damit sich die Consommé nicht wieder trübt, werden alle anderen Zutaten extra gekocht bzw. warmgemacht. Dazu dient der beiseite gestellte Rest der Brühe.

Die Morcheln wie üblich einige Stunden in warmem Wasser einweichen, sehr gründlich waschen und in der Brühe gar kochen; das dauert ungefähr ½ Stunde, herausnehmen, abtropfen.

Karotten und Lauch für die Einlage werden gewaschen und in Juliennes geschnitten; das sind die gefürchteten, streichholzgroßen Streifen. Ist aber halb so schlimm, wenn man es intelligent anfängt und ein gutes Kochmesser hat: Die geschälten Karotten der Länge nach in flache Scheiben schneiden, aufeinander legen und dünne Streifen abschneiden, auf 4 cm Länge stutzen. Der Lauch wird zum gleichen Zweck halbiert, dann die Streifen einfach herunterschneiden, zurechtstutzen.

Die Erbsen – nun, das steht auf der Packung. Sie sollten gewürzt und gar, aber nicht zerkocht sein. Die Kartoffeln werden geschält, halbiert und dann in Würfel geschnitten, die kaum größer sein sollen als die Erbsen. Sie werden ganz normal in wenig, schwach gesalzenem Wasser gar gekocht. Ebenso die Karotten-Juliennes (sie bekommen eine Prise Zucker mit auf den Weg). Nur die Lauch-Juliennes kommen feucht (vom Waschwasser) in eine fettfreie Kasserolle und werden mit wenig trockenem Weißwein gargedünstet. Alle Gemüse mit Salz abschmecken.

Das geht nicht alles gleichzeitig, vor allem der Lauch in dem bißchen Wein muß beobachtet werden, weil er leicht anbrennt. Aber, bedingt durch die Dünne der Gemüsestreifen, sind die Kochzeiten extrem kurz. Während man die Karotten- und die Lauch-Juliennes warmstellen kann (im Ofen, wo vorher die Quiche war), sollten die Kartoffelwürfel nicht lange herumstehen, das vertragen fertige Salzkartoffeln in keinem Fall.

In der Brühe werden die Entenbeine wieder erhitzt und – dies ist der einzige Kochvorgang, der unmittelbar vor dem Servieren gemacht werden muß – die Entenbrüste eingelegt. Diese haben Sie vorher picobello gesäubert und in mundgerechte Würfel geschnitten. Die sind in 5 Minuten gar, innen noch leicht rosa. Herausfischen und mit allen anderen Zutaten, die gut abgetropft sein sollen, in eine große Suppenterrine legen. Darüber die wieder erhitzte, klare Consommé gießen – servieren!

Ich gebe zu, daß die Entenbeine in diesem Arrangement von Zartheiten ein wenig plump wirken. Da gibt es zwei Alternativen. Entweder auf einem kleinen Extrateller servieren und mit Messer und Gabel essen, oder das Fleisch vorher von den Knochen abfieseln. Jedenfalls sollte der gefüllte Teller keineswegs an die üblichen Eintopfsuppen erinnern.

Also – und damit komme ich zu den bisher nicht präzisierten Gemüsemengen – von allen Zutaten nur wenig. Weder sollen die Kartoffeln die Juliennes unter sich begraben, noch darf das Ganze eine dicke Gemüseschicht im Teller bilden. Schließlich will man die wenigen Morcheln ja auch noch sehen und schmecken können. Dazu aber muß die Consommé eher an die ästhetischen Kreationen der japanischen Küche erinnern als an das übliche Durcheinander auf unseren Tellern.

Deshalb geht es auch so: Alle fertigen Gemüse und das Entenfleisch auf die Teller legen (das garantiert eine gerechtere und schönere Verteilung) und dann erst mit der heißen Consommé übergießen. Wahrscheinlich werden Sie in jedem Fall feststellen, daß Sie zuviel Gemüse und Kartoffelwürfel gemacht haben.

Seien Sie froh! Denn das alles zusammen (vermutlich bleibt auch vom Fleisch etwas übrig) ergibt am nächsten Tag ein wunderbares Gratin, wenn Sie zerkrümelten Schafskäse (nicht viel) daruntermischen und es in einer gebutterten, flachen und feuerfesten Form, mit Butterflöckchen belegt, im heißen Ofen überbacken!

Mit dieser Enten-Consommé läßt sich demonstrieren, daß ein im Grunde bürgerliches Gericht zu einem Feiertags-Kunstwerk werden kann. Dort, wo sich am Weihnachtstisch nicht mehr als vier Personen versammeln, besteht die zusätzliche Möglichkeit, die Teller, die dann allerdings kleine, feuerfeste Schüsseln sein müssen, mit dem eingangs erwähnten Blätterteigdeckel zu verschließen. Bei mehr als vier Personen wird das Hantieren mit dem Blätterteig umständlich, auch passen in die meisten Öfen nur vier Schüsselchen.

Also: Tiefgefrorenen Blätterteig auftauen, 5 mm dick ausrollen und groben, schwarzen Pfeffer eindrücken. In passende, runde Scheiben schneiden und über die Schüsseln mit der Consommé legen. Die Ränder mit Eiweiß verkleben, die Oberfläche mit Eigelb bepinseln. Im Ofen bei starker Oberhitze überbacken, bis der Teig aufgeht und goldgelb wird. Das sieht aus wie große Kochkunst – und ist es auch.

WEISSE MOUSSE MIT LEBKUCHENAROMA; BIRNENSAUCE

Für 6 Personen:

2 Tafeln weiße Schokolade, 100 g Butter, 4 Eigelb, 3/8 l Sahne, 1 1/2 TL (oder 1 »Briefchen«) Pfefferkuchengewürz

Sauce: 1/2 l Rotwein, 3 Birnen, 2 EL Rosinen, Zucker, 6 Nelken, 1/2 TL abgeriebene Zitronenschale

Am Dessert habe ich mir fast die Zähne ausgebissen, sozusagen.

Denn weiße Schokolade unterscheidet sich von brauner nicht nur in der Farbe: sie ist viel süßer und hat die tückische Eigenschaft, nicht so steif zu werden, wenn man eine Mousse daraus macht. Deshalb nehmen Köche fast immer Gelatine. Ohne geht's aber auch und es schmeckt besser.

Die Eigelb mit dem Gewürz weißlich-cremig rühren. Die Schokolade in einer Kasserolle mit schwerem Boden unter ständigem Rühren vorsichtig schmelzen lassen, nach und nach die zimmerwarme Butter unterrühren. Mit dem Eigelb vermischen und immer weiter rühren, damit die Masse geschmeidig bleibt und sich nicht separiert. Auf Schnee (oder in Eiswasser) abkühlen lassen.

Die Sahne in einer gekühlten Schüssel sehr steif schlagen, die kalte Crème unter die Sahne mischen. Über Nacht in den Eisschrank stellen.

Dazu wenig Sauce, weil sonst der feine Lebkuchengeschmack verloren ginge. Und die Sauce bitte nicht so süß: Die geschälten und geviertelten Birnen mit den Nelken, den Rosinen und der abgeriebenen Zitronenschale im Rotwein gar kochen. Die Birnen pürieren und löffelweise wieder in den Wein geben. Jetzt erst zuckern.

Das Birnenpüree bindet den Wein, darf ihn aber nicht in einen Brei verwandeln, deshalb entsprechend abmessen. Auch die Rosinen sparsam verwenden: Die weiße Mousse ist die Hauptsache und sollte von der Sauce unterstützt, nicht aber übertrumpft werden. Auch die Sauce wird kalt serviert, kann also ebenfalls am Vortag zubereitet werden.

Es genügt, wenn Sie das Dessert mit goldenen Löffeln essen.

DIE WEINE

Ein Vin Jaune ist ein seltener Weißwein aus dem Département Jura, der wie ein leichter Sherry schmeckt. Die besten Flaschen tragen den Namen Château Chalon, wie der 1985er von Jean Maclé. Da er auch zum Feldsalat paßt, trinke ich ihn zu den ersten beiden Gängen.

Gekochtes Entenfleisch ist leichter als eine gebratene Ente, also sollte auch der begleitende Wein eher elegant als kräftig sein: ein 1983er Château La Lagune aus dem Médoc erfüllt diese Bedingung auf ideale Weise.

Deutsche Winzersekte sind oft erstaunlich gut, dazu leicht und bekömmlich. Das Weingut Frh. v. Gleichenstein produziert in Oberrottweil (Kaiserstuhl) einen der besseren. Ihn trinke ich zum Dessert.

Menü 6

Selleriesalat
mit Nüssen

Lachsmousse
und Wachteleier

Kalbsrückenbraten
mit
safranisiertem
Blumenkohl

Weintrauben-
sabayon

Noch nie konnten wir so viele Fasane und Rebhühner kaufen, noch nie hatten sie so wenig Geschmack. Im Gehege streßfrei aufgewachsen, unterscheiden sie sich von Hühnern nur noch durch ihre bunten Federn. Ähnliche Probleme haben wir neuerdings auch mit dem Wild, während Schwein und Rind schon lange keinen Feinschmecker mehr hinter dem Schafstall hervorlocken. Warum dann Kalbsrücken? Weil er, ich wage es kaum zu schreiben, weil er zart und fein und saftig ist und leicht bekömmlich – so steht es jedenfalls in alten Kochbüchern. Was er wirklich ist, das soll sich Weihnachten erweisen.

Als Weihnachtsmann fungiert wieder einmal Ihr Metzger. Dieser brave Mann ist ja nach den Viehzüchtern das wichtigste Glied in der Kette, welche vom mundwässernden Rezept zum ungenießbaren Braten reicht. Gewiß kann er nicht ausgleichen, was Hormonfütterung und Chemotherapeutika dem Fleisch mitgegeben haben. Aber er kann das Verlangen unterdrücken, sich in die Front der gewissenlosen Schnellverdiener einzureihen und sich vornehmen, das Fleisch nicht schon zu verkaufen, wenn es noch warm ist.

Damit unser weihnachtlicher Braten gelingt, muß der Kalbsrücken nämlich mindestens acht Tage abgehangen sein. Andernfalls inkarniert er zum berüchtigten Schrumpfbraten. Der erste Schritt bei diesem Weihnachtsmenu ist also eine ernsthafte Unterredung mit Ihrem Metzger.

Ein Kalbsrücken, mancherorts auch Lende genannt, das ist nichts anderes als das, was übrig bleibt, wenn man das Fleisch aus einer Kotelettreihe auslöst. Schneidet man das Fleisch in bratfertige Scheiben, heißen diese Kalbssteaks. Das Ganze klingt nach bürgerlicher Küche, und das ist es auch, nur daß diese Küche mangels Bürger, die das Fleisch lange genug abhängen lassen, ebenso verschwunden ist wie die Bürger, die solche bürgerlichen Rezepte noch schätzen. Das Weihnachtsmenu beginnt ganz brav mit einem

SELLERIESALAT MIT NÜSSEN

Für 6 Personen:

1 große Sellerieknolle, Salz, Saft von 1 Zitrone, 12 Walnüsse, 6 Schalotten

4 EL Weinessig, schwarzer Pfeffer, Salz, Zucker, Walnußöl, Feldsalat

Baguette

Eine Sellerieknolle von durchschnittlicher Größe reicht für 6 Personen. Sie wird geschält und mit dem Gemüsehobel in dünne Scheiben geschnitten, so dünn wie Apfelschnitzel für Pfannkuchen. Die Scheiben wie Torten in gleichmäßige Segmente schneiden. Diese werden in Salzwasser, dem der Saft 1 Zitrone beigegeben wurde, gargekocht. Das dauert 8-10 Minuten. Die Selleriestücke sollen nicht weich sein, sondern noch Biß haben. Dann sofort in kaltem Wasser abschrecken.

Das bedeutet jedoch nicht, daß der Sellerie kalt oder gar eiskalt serviert werden soll. Schon gar nicht darf er vorbereitet und im Kühlschrank aufbewahrt werden! Wie bei den meisten Speisen unterdrückt Kälte auch hier den Geschmack. Deshalb ist lauwarm die beste Temperatur.

Für die Sauce werden pro Person 2 Walnüsse geknackt und mit dem schweren Messer sehr grob gehackt. (Schälen ist nur bei ganz frischen Nüssen notwendig.) Sodann pro Portion ½ große oder 1 kleine Schalotte *sehr* fein hacken und zusammen mit den Nüssen in 2 bis 3 EL Weinessig legen. Sherry-Essig ist der beste, aber auch anderer Weinessig, ob rot oder weiß, erfüllt seinen Zweck; nur Kräuteressig darf es nicht sein. Kräftig pfeffern (schwarz, aus der Mühle), je eine Prise Salz und Zucker dazu und abschließend Walnußöl langsam mit dem Schneebesen unterrühren. Die Sellerieschnitzel auf einem Küchentuch abtrocknen. In eine Schüssel legen, mit der Nuß-Vinaigrette übergießen und umwälzen.

Sodann werden die Sellerieschnitzel auf den einzelnen Tellern derart angerichtet, daß sie in der Mitte jedes Tellers eine einzige, dachziegelartige Reihe bilden, deren Anfang und Ende eine Rosette Feldsalat ziert. Das alles wird mit der restlichen Vinaigrette übergossen. Die essiggetränkten Schalotten spielen dabei eine wichtige Rolle, denn sie frischen den etwas müden Geschmack des Selleries deutlich auf. Es dürfen deshalb nicht zu wenig Schalotten sein! Die säuerliche Frische des Salates macht Appetit; ein Stück aufgebackene Baguette kann also nicht schaden.

LACHSMOUSSE UND WACHTELEIER

Für 6 Personen:

180 g Räucherlachs, 100 g Räucheraal, Cayennepfeffer, 1 TL Tomatenmark, 1–2 EL Crème fraîche, 4 cl Wacholderschnaps, (Grüne Paprika), 100 g Sahne, 12 Wachteleier, (Kaviar)

Auch wenn Weihnachten ist, wollen wir das Brav-Bürgerliche nicht übertreiben. Deshalb dieser Zwischengang. Bei dem Lachs handelt es sich um Räucherlachs und er hat noch einen stillen Teilhaber. Damit sie erstens kräftiger und zweitens nicht genauso schmeckt wie normaler Räucherlachs (dann wäre es unnötig, ihn zu verarbeiten), enthält die Mousse auch noch Räucheraal. Sie wird kalt gegessen und kalt hergestellt.

Und zwar so: Räucherlachs und Räucheraal werden in kleine Stücke geschnitten und entweder im Mixer oder mit dem Schnetzelstab püriert. Der Aal wird bekanntlich mit Haut und Gräten verkauft, mit 100 g meine ich aber schieres Fleisch; also entsprechend mehr kaufen. Die Masse mit Cayennepfeffer würzen und mit dem Tomatenmark aus der Tube färben. Crème fraîche unterrühren, damit sie locker wird, und einen doppelten Wacholderschnaps (Gin, Aquavit o.ä.) dazu geben.

Wer keinen Schnaps mag, mag vielleicht grüne Paprika: In winzige Würfel geschnitten, geben sie der Mousse den notwendigen bitteren Kontrast und sehen darüber hinaus auch noch hübsch aus. Abschließend die steifgeschlagene Sahne unterziehen. Mehrere Stunden oder über Nacht kühl stellen.

Beim Servieren mit einem heißgemachten Suppenlöffel Formen ausstechen, auf Tellern anrichten und mit 4 halben, hartgekochten (3 Minuten) Wachteleiern dekorieren. Sollte zufällig eine Dose Kaviar im Haus sein, so wäre es kein Verstoß gegen die Regeln des guten Geschmacks, davon etwas auf jede Eierhälfte zu häufeln...

DER KALBSRÜCKENBRATEN MIT SAFRANISIERTEM BLUMENKOHL

1,2 kg Kalbsrücken, 250 g salzige Butter, Salzkartoffeln

Doch nun zum Fleisch. Es muß schieres, mageres Fleisch sein, ohne alle Häute. Seine Form ist eher flach als rund. Ich brate es im Ofen. Dazu benötige ich salzige Butter erster Qualität, eine flache Bratform oder -pfanne ohne Deckel, die nicht viel größer sein darf als das Stück Fleisch, und sonst nichts. Kein Pfeffer, keine Gewürze, nichts.

Kalbfleisch enthält wie Fisch sehr viel Eiweiß, und wie beim Fisch wäre es falsch, das Fleisch einer großen Hitze auszusetzen; es würde an der Oberfläche hart und trocken. Also wird der Ofen höchstens auf mittlere Hitze eingestellt. Die richtige Temperatur erkennen Sie an der Butter. Die soll fingerhoch in der heißen Bratform stehen. Dahinein lege ich das Fleisch und achte darauf, daß die Butter auf keinen Fall braun wird oder verbrennt.

Das Fleischstück kann 10 oder 25 Zentimeter lang sein, je nachdem, wie groß Ihre Familie ist; seine Dicke wird immer ungefähr 5 Zentimeter betragen. Also bleibt auch die

2 kleine Köpfe
Blumenkohl, Salz,
Saft von 1 Zitrone,
50 g Butter,
1 Msp. Safran

Garzeit gleich: 20 Minuten. Während dieser Zeit drehen Sie das Fleisch immer dann herum, wenn es zu bräunen beginnt. Dies soll vermieden werden, weil es, siehe oben, ein Zeichen von zu großer Hitzeeinwirkung ist. Sie bekommen also keinen knusprig-braunen Braten, dafür aber einen, der zart und saftig ist.

Daß er gar ist, erkennen Sie, wenn Sie mit dem Finger oder mit einer Gabel auf das Fleisch drücken. Es muß sich noch ein wenig eindrücken lassen, dann ist es gut, nämlich innen noch leicht rosa. Läßt es sich noch sehr leicht eindrücken, ist es noch nicht gar genug; gibt es dem Fingerdruck jedoch nicht mehr nach, dann haben Sie den richtigen Zeitpunkt verpaßt.

Es empfiehlt sich, das Fleisch während der Bratzeit öfter mit der flüssigen Butter zu bepinseln. Haben Sie keine salzige Butter (dann aber bitte Süß- und keine Sauerrahmbutter!), muß das Fleisch extra gesalzen werden, aber erst dann, wenn es schon einige Minuten im Ofen ist, und die Poren sich geschlossen haben. Das ist alles.

Die Butter hat während der Bratzeit etwas Fleischsaft aufgenommen, sie ist, ohne daß sie etwas dafür tun mußten, zu einer köstlichen Sauce geworden, die den gewöhnlichen Salzkartoffeln das gibt, was diese schon immer haben wollten, aber nie bekommen haben: die zur Delikatesse fehlende Ergänzung! Außer den Salzkartoffeln paßt gut zu diesem Braten safranisierter Blumenkohl.

Als ich einmal den Blumenkohl einen ordinären Stinker nannte, protestierten nicht wenige Leser. Ihr Protest ist tatsächlich berechtigt, sofern sie an folgendes Rezept dachten: Der Blumenkohl wird dermaßen zerteilt, daß die einzelnen Röschen nur die Größe von Haselnüssen haben, und auch kleine Strünke restlos weggeschnitten sind. Das dauert ein paar Minuten länger als bei der üblichen Präparation, dafür sind die Röschen in weniger als 10 Minuten gar − aber nicht weich! − gekocht. Dem salzigen Kochwasser habe ich den Saft von 1 Zitrone beigegeben. Sofort abgießen und mit kaltem Wasser abbrausen, damit der kohlige Geschmack völlig verschwindet. Abtropfen lassen.

Das kann Stunden vorher gemacht werden. Kurz vor dem Anrichten in einer Kasserolle, die groß genug sein muß, damit die Blumenkohlröschen nebeneinander Platz haben, ein eigroßes Stück Butter schmelzen und darin 1 Msp. Safranpulver auflösen, rühren. Die Blumenkohlröschen dazugeben und schüttelnd heiß werden und Farbe annehmen lassen. Das geht ruckzuck, und das Resultat ist verblüffend: Die kräftig gelbe Farbe, der neue Geschmack (manchmal ist nachsalzen notwendig) verwandeln dieses nicht gerade erhabene Gemüse in eine überraschend leckere Angelegenheit. Die gelben Röschen werden um das Fleisch herumdekoriert, also entweder auf einer Platte, wenn der Braten im Ganzen auf den Tisch kommt, oder jeweils um die Portionsstücke auf den Tellern. Ich bevorzuge den Tellerservice und richte alles in der Küche an.

WEINTRAUBENSABAYON

**Für
6 Personen:**

*1 kg Weintrauben,
Saft von 1 Zitrone,
12 TL Rosinen,
8 cl Tresterschnaps,
6 Eigelb, 70 g Zukker, Mark von
1 halben Vanillestange, 1/8 l Sahne,
Puderzucker*

Weil es eine unglaublich leckere und doch so leichte Süßspeise ist, habe ich die Zutaten für das Dessert reichlich gewählt: 1 kg Weintrauben sind nicht wenig. Außerdem müssen sie geschält und entkernt werden. Das allerdings hört sich schlimm an nur für jene, die es noch nie gemacht haben: Die Weintrauben werden kurz mit kochendem Wasser überbrüht. Danach läßt sich die Haut genauso leicht abziehen wie von überbrühten Tomaten. Sodann halbiert man sie und puhlt die Kerne heraus.

In eine Schüssel legen und mit etwas Zitronensaft beträufeln. Zirka 1/2 Stunde Saft ziehen und durch ein Sieb abtropfen lassen. Den Saft auffangen. Mindestens 2 Stunden vorher hat man pro Esser 2 TL Rosinen in Trester eingeweicht oder in Treber, Marc, Grappa – ist alles dasselbe, nämlich aus den bei der Weinherstellung ausgepreßten Trauben gebrannter Schnaps. Da dessen Alkohol – im Gegensatz zum Wein in Saucen – hier nicht verkocht, kann in Antialkoholikerfamilien statt dessen Traubensaft genommen werden. Das schmeckt längst nicht so gut, süßt zusätzlich, beißt aber nicht.

Im heißen Backofen werden feuerfeste Formen vorgewärmt, in denen die Trauben abschließend gratiniert werden. Kleine, flache Portionsformen sind besser als eine große. Zunächst aber wird die Sabayon geschlagen. Sie besteht aus den Eigelb und 5 EL Flüssigkeit, welche zu gleichen Teilen aus dem abgetropften Traubensaft und dem Schnaps der Rosinen besteht, beziehungsweise aus alkoholfreiem Saft. Damit werden die Eigelb sowie 60 g Zucker und das Innere einer halbierten Vanillestange verrührt und im Wasserbad mit dem Schneebesen so lange geschlagen, bis die Masse cremig wird.

Das geht in einer Kasserolle mit schwerem Boden auch auf der Herdplatte, aber im Wasserbad ist es sicherer. Denn wenn sie nur etwas zu heiß wird, stockt die Eiercrème und Sie können noch einmal von vorne anfangen. Eine Schüssel mit Eiswasser bereitstellen (Schnee tut's auch) und den Topf mit der Eiercrème hineinstellen und weiterschlagen, bis die Crème erkaltet ist.

Inzwischen oder danach muß jemand einen halben Becher Sahne (1/8 l) mit 1 EL Zukker steif schlagen. (Den Zucker erst in die halbsteife Sahne geben.) Dann werden die halbierten Weintrauben in die Form(en) gelegt und mit den Rosinen bestreut. Die Eiercrème wird mit der Schlagsahne verrührt und die Masse über die Trauben gegossen. Und zwar so viel, daß diese gut bedeckt sind, aber nicht mehr. Mit Puderzucker bestäuben. Hoch oben im heißen Backofen verwandelt sich das Ganze dann in 5 bis 8 Minuten in ein Dessert von wahrhaft himmlischer Qualität!

DIE WEINE

Ein Gewürztraminer zum Sellerie? Das klingt exzentrisch, wirkt aber überzeugend, wenn man die 1990er Gewürztraminer Spätlese von Rebholz (Siebeldingen) dazu probiert. Sie ist trocken ausgebaut und wegen der Nüsse im Salat unübertrefflich.

Die modische Chardonnaytraube wird auch in Österreich angebaut. Zur Lachsmousse empfehle ich den 1990er Chardonnay von Bründlmayer.

Der Kalbsrücken mit dem Blumenkohl gehört zu meinen Lieblingsgerichten, deshalb trinke ich dazu auch einen meiner Lieblingsweine: den 1986er Château Montrose, ein Bordeaux (St. Estèphe) der Oberklasse.

Zum Dessert: Warum nicht den Gewürztraminer vom 1. Gang?

Menü 7

Pochierter Lachs
mit
Rotwein-
Vinaigrette

Normannische
Muschelsuppe

Fasanenbrust
mit Chicorée

Mahlberger
Schloßkuchen
und
Walnußparfait

Es wird wieder nichts mit der Weihnachtsgans. Wer da schon erwartungsvoll die Leberpillen bereitgelegt hat, kann sie getrost wieder wegtun. Denn diesmal wird leicht gegessen und wenig gearbeitet. Ich koche ein leichtes Menu, dessen Vorteil darin liegt, daß ich die Vorspeise und das Dessert einen Tag bzw. drei Tage vorher herstellen kann. Und der Hauptgang hatte sogar schönere Federn als eine Gans: es gibt Fasan, diesen vertrottelten Tiefflieger, der einstmals nur den Fürsten vorbehalten war.

Mit den Lachsen ist es ähnlich. Sie werden zum größten Teil in skandinavischen Fjorden gezüchtet. Dadurch fehlt auch ihnen die Anstrengung der Freiheit, aber bei ihnen ist das Manko nicht so deutlich. Gewiß sind sie weicher im Fleisch, etwas blasser in der Farbe, und auch ihr Geschmack ist etwas reduziert, aber nur etwas. Immer noch ist Lachs eine Delikatesse, wenn auch, gottlob, keine Rarität mehr. Deshalb serviere ich Lachs als Vorspeise, aber kalt, als Salat.

Zwischen Lachs und Fasan gibt es eine sahnige Muschelsuppe, damit die hungrigen Esser sich nicht am abschließenden Dessert sattessen müssen: Kuchen und Walnuß-Parfait.

POCHIERTER LACHS MIT ROTWEIN-VINAIGRETTE

Für 4 Personen:

frischer Lachs am Stück, ca. 12 cm, Essig, 1 Stange Lauch, 1 Karotte, 1 Zwiebel, Petersilie, Salz, weißer Pfeffer,
Vinaigrette aus Olivenöl, Rotweinessig, Salz, Pfeffer, Zucker;

4 EL Tomatenconcassé, 4 TL grüner Pfeffer, gehackte Petersilie

Den Lachs pochiere ich am Tag vor Weihnachten. Denn erstens soll er ja kalt gegessen werden, und zweitens bekommt er durch die Nachtwache einen herzhaften Geschmack, den er frisch pochiert nicht hat. Das hängt mit dem Prozeß des Gelierens zusammen, der etwas Zeit braucht. Der Sud, in welchem der Lachs pochiert wird, ist identisch mit dem Sud, den ich auch bei einem warmen Lachsessen brauche: 2 Teile Wasser, 1 Teil Essig, Lauch, Karotte, in Scheiben geschnittene Zwiebel, Petersilie, Salz, weißer Pfeffer. Der Sud muß deutlich *zu* sauer sein, *zu* pfefferig, wenn ich ihn probiere. Ungefähr 1 Stunde auskochen lassen, dann das Stück Lachs hineinlegen und – das ist ungeheuer wichtig! – nun nicht mehr kochen, sondern nur noch ziehen lassen.

Jetzt hängt alles nur noch von der Kochzeit ab. Schwierig zu sagen, wie lang die im Einzelfall zu sein hat. 15 cm Fisch vom dicken Ende brauchen fast 15 Minuten. Handelt es sich aber ums dünne Schwanzende, oder hat der Fischhändler eventuell die Haut abgezogen und das Fleisch von der Mittelgräte gelöst, geht das sehr viel schneller; da genügen dann schon 5 Minuten! Denn wenn Lachs nur etwas zu lange pochiert wird, trocknet er aus und schmeckt nicht mehr. Scheuen Sie sich deshalb nicht, nachzuprüfen, indem Sie eine Probe entnehmen. Das Fleisch darf unter keinen Umständen innen ganz durchgekocht sein, es soll also einen halbrohen Kern haben – wie ein Rinderfilet. Wenn Sie den Fisch aus dem Wasser heben, gart er ohnehin noch nach. Spätestens jetzt enthäuten und noch vorhandene Gräten herausziehen. In eine verschließbare Schüssel legen und ab in den Kühlschrank.

So haben Sie am nächsten Tag nur noch die Vinaigrette zu machen (Olivenöl, Rotweinessig, Salz, Pfeffer, 1 Prise Zucker). Zum Unterschied zu einer Kopf- oder Feldsalatsauce schütte ich alle Bestandteile einfach zusammen und lasse sie im Mixer hochtourig durcheinanderwirbeln (geht auch mit dem Schnetzelstab). Dadurch kriegt die Vinaigrette einen ungewöhnlichen Charakter: sie wird schaumig, fast cremig und weißlich. Die Lachsstücke werden zerpflückt. In der Küche arrangiere ich sie auf den einzelnen Tellern, gebe auf jede Portion 1 TL Tomatenconcassé (das schiere Fleisch von enthäuteten Tomaten, in kleine Würfel geschnitten) sowie 1 TL grünen Pfeffer. Darüber die Vinaigrette und darauf gehackte Petersilie. So habe ich nicht nur eine höchst delikate, sondern auch eine hübsche Vorspeise, zu der ich geröstetes Weißbrot serviere.

NORMANNISCHE MUSCHELSUPPE

**Für
4 Personen:**

16–24 Miesmuscheln, das Weiße von 1 Lauchstange, 1 Karotte, 1 Zwiebel, Lorbeerblatt, 1 Handvoll Fischhäute und -köpfe, Weißwein, 2 Becher Sahne, 2 Eigelb, Zitronensaft, 1/2 TL Safran, Salz, Pfeffer

Die Muschelsuppe wird auch vorbereitet. Dazu dünste ich die üblichen kleingeschnittenen Gemüse, wie sie auch schon im Lachssud waren, in Butter leicht an, lege meine Fischhäute und Köpfe darauf, gieße mit Wasser und Wein (1:1) auf und lasse 20 Minuten köcheln. Durch ein Sieb abgießen. Diesen Fischsud reduziere ich am nächsten Tag auf die gewünschte Menge, das heißt auf die Hälfte davon, denn die andere Hälfte besteht aus süßer Sahne, die ich dazugieße. Inzwischen habe ich die Muscheln gut abgebürstet und gewaschen und daraufhin kontrolliert, daß keine dabei ist, die bereits geöffnet ist. In einem Kochtopf wenig Salzwasser mit dem üblichen Grünzeug zum Kochen bringen, die Muscheln hinein und bei geschlossenem Deckel heftig kochen lassen, ab und zu rütteln. Sobald sich die Muscheln öffnen, sind sie gar. Zu lange Kochzeit ruiniert sie wie alles, was im Wasser lebt.

Herausnehmen, auslösen und in die Suppe geben. 2 Eigelb einrühren (bei 4 Portionen), aufkochen, Noch einmal abschmecken. Pfeffer? Salz? Zitrone? Auf jeden Fall aber 1/2 TL Safranpulver. Fertig. Ich hoffe, Sie haben sowohl Fischfond als auch die Sahne soweit eingekocht, daß es nun keine dünne, sondern eine sehr sahnige, cremige Suppe geworden ist! Übrigens serviere ich die Suppe nicht in Tellern, sondern in Tassen, damit sich die Verwandtschaft nicht daran satt ißt, wozu der delikate Geschmack leider verführt.

FASANENBRUST MIT CHICORÉE UND WILDEM REIS

**Für
4 Personen:**

125 g wilder Reis

2 Fasane

4 Scheiben geräucherter Schinken, Öl, 1 kleines Stück Sellerie, 1 Karotte, das Weiße und Hellgrüne von 1 Lauchstange, 1 Zwiebel, 1 Lorbeerblatt, 1 EL Wacholderbeeren, Weißwein

4 Chicorée, Salz, Pfeffer, Saft 1 Zitrone, 50 g Butter, schwarzer Pfeffer

Nun zum Fasan. Als Beilage dazu serviere ich braisierten Chicorée und wilden Reis. Dieser ist sehr teuer (250 g ca. 30 Mark) und nicht überall zu finden. Für 4 Personen brauchen Sie 125 Gramm. Was nun den Fasan angeht, so reicht ein Vogel für 2 Personen, das hat er mit der Ente gemeinsam, und wie bei dieser sind eigentlich nur die Brüste delikat. Mein Fasan liegt wahrscheinlich nackt und bloß beim Geflügelhändler, und an den Füßen erkenne ich, ob er jung oder alt ist. Fasane haben oberhalb der Krallen, an der Rückseite des Beins, einen Sporn. Der ist bei jungen Fasanen stumpf bis abgerundet und kurz. Solche Fasane sind noch kein Jahr alt, also zart. Je spitzer und länger der Sporn, um so älter, also zäher, wird der Vogel sein.

Bei meinem Menü wird nur die Fasanenbrust serviert, und die wird auch extra gebraten. Das vereinfacht das Kochen erheblich; das einzige, was ich dabei einbüße, ist der Anblick des im ganzen gebratenen Vogels. Dafür kriege ich eine überwältigende Sauce.

Ich lege den Vogel auf den Rücken und löse die beiden Brusthälften mit einem scharfen Messer aus. Zwei Schnitte am Brustbein entlang und dann mehr schaben als schneiden – es ist ein Kinderspiel. Die beiden fast handtellergroßen Fleischstücke enthäute ich und pinsele sie mit Öl ein. Kühl stellen. Alles andere, also Keulen, Rücken, Hals, aber auch die eßbaren Innereien hacke in kleine Stücke und brate sie scharf an. Das erledige ich vernünftigerweise in einer Reine im sehr heißen Ofen, denn schon die zerhackten Karkassen von zwei Fasanen nehmen soviel Platz ein, daß eine Pfanne zu klein wäre.

Wenn alles eine schöne braune Farbe angenommen hat (öfter durcheinanderrütteln!), gebe ich das übliche, kleingeschnittene Gemüse dazu. Also Sellerie, Karotte, Lauch, Zwiebel, Lorbeerblatt, Wacholderbeeren; lasse auch das leicht angehen und lösche dann

mit Weißwein ab. Etwas einkochen lassen, dann in einen Kochtopf umfüllen, alle Brat-rückstände in der Reine abkratzen und mit Wasser auffüllen, bis alles bedeckt ist. 3 Stunden simmern lassen, durchsieben. Ich habe jetzt ungefähr 1 l sehr kräftige Fasanenbrühe, brauche aber, da ja weder Kartoffeln noch Nudeln vorkommen, nur sehr wenig Sauce, gerade 1 EL pro Brusthälfte, mehr nicht. Deshalb koche ich die Brühe nun so lange ein, bis davon nur noch die benötigte Menge übrig ist. Aber welche Qualität hat sie! Es ist eine ungeheuer konzentrierte Sauce geworden – und alles einen Tag im voraus gemacht!

Bevor ich mich den Fasanenbrüsten zuwende, kümmere ich mich um die Beilagen. Vom Chicorée brauche ich pro Person ein dickes Exemplar. Das stumpfe Ende wird keil-förmig ausgehöhlt; es ist bitter. Die Blätter lösen, waschen, grüne Stellen wegschneiden (sind auch bitter) und in kochendem Salzwasser einen knappe Minute blanchieren. Kalt abschrecken, abtropfen. In eine gebutterte flache, feuerfeste Form legen, salzen, pfeffern und mit Zitronensaft großzügig sowie mit 1 bis 2 EL Wasser beträufeln. Mit heißer Butter übergießen und unten in den Backofen stellen (175°). Zirka 20 Minuten garen lassen, bis die Blätter leicht braun werden.

Inzwischen den wilden Reis waschen. Er sieht aus wie dünne Lakritzstäbchen, platzt aber nach einiger Zeit und quillt. Zunächst wird er leicht in Butter angeschwitzt und dann mit Wasser oder Wein und Fleischbrühe im Verhältnis 1:2 aufgegossen. Wie jeden Reis bei geschlossenem Deckel langsam gar ziehen lassen; der wilde braucht dazu aller-dings am längsten: bis zu $1\frac{1}{2}$ Stunde kann das dauern! Zum Schluß bei offenem Deckel noch vorhandene Flüssigkeit verdampfen lassen. Die Gefahr, daß wilder Reis pappig oder matschig wird, besteht kaum.

Am Kochtag sorge ich zunächst dafür, daß die Fasanenbrüste früh aus dem Kühl-schrank kommen und Zimmertemperatur annehmen. Die einzelnen Stücke werden nun beidseitig gesalzen und mit frisch geschrotetem, schwarzem Pfeffer großzügig gewürzt. Fasanenbrüste zu braten ist ebenso problematisch wie das Braten von Fischfilets: zu star-ke Hitze ruiniert das Fleisch unvermeidlich! Deshalb wäre es sinnlos, eine braune Kruste zu erwarten, wie sie beim Rinderfilet und beim Kotelett so beliebt ist. Fasanenbrust ist weißes Fleisch, und es muß auch außen weiß bleiben. Innen – und das entscheidet über Ge- oder Mißlingen – innen darf es, wie der Lachs, nicht ganz durchgebraten werden! Das bedeutet also sehr kurze Garzeit und reduzierte Hitze.

Nun ist das mit der reduzierten Hitze in diesem Fall so eine Sache. Der Chicorée, der da im Ofen schmort, braucht jetzt in seiner letzten Garphase große Hitze, und für das Fleisch brauche ich den Ofen. Ich mache das so: Ein passendes Bratgefäß habe ich im Ofen vorgeheizt. Darin lasse ich Butter aus und lege die Brüste hinein, welche ich vorher locker in je eine Scheibe geräucherten Schinken eingeschlagen habe. In der oberen Hälfte des Ofens lasse ich sie 8 Minuten (nicht länger!) braten. Dann schalte ich den Ofen aus, öffne die Tür und lasse die Bratpfanne an der Türkante noch 3 Minuten ruhen. Dann wird (ohne Schinken) serviert! Die Brusthälften sind von der Hitze aufgegangen wie Brötchen, haben aber nicht einmal deren goldene Farbe. Doch dafür habe ich ja meine Sauce! Die ist über Nacht zu einem steifen Pudding geworden. Sollte sich an der Oberflä-che Fett abgesetzt haben, wird es abgekratzt. Dann erhitze ich die Sauce, die ja in Wirk-lichkeit nur ein Fleischsirup ist, und schmecke zum letzten Mal ab. Pro Fleischstück ge-nügt davon 1 EL, um der Fasanenbrust zu ihrer blassen Unreife das Parfüm der Vollen-dung zu geben.

MAHLBERGER SCHLOSSKUCHEN UND WALNUSSPARFAIT

Kuchen:

375 g Butter, 250 g Zucker, 6 Eier, 1 abgeriebene Zitronenschale, 1 Päckchen Vanillezucker, 1 Prise Salz, 200 g Rosinen, 100 g Orangeat, 100 g Zitronat, 75 g Walnußkerne, 75 g Mandeln, 400 g Mehl, 1 TL Backpulver, 100 g feine Milchschokolade, 2 EL Mandelblättchen

Parfait (für 5 Personen):

4 Eigelb, 150 g Zucker, 4 EL Weinbrand oder 3 EL Nußlikör, 80 g Walnußkerne, 400 g Sahne

Ein Kuchen zum Dessert, das klingt sparsam, und ein bißchen banal sieht er ja auch aus, mein Mahlberger Schloßkuchen. Ist das nicht ein normaler Napf- oder Rodonkuchen? Beinahe; nur ist er nicht normal, sondern er ist frisiert, wie das bei Autos heißt. Und abgesehen von der besseren Leistung (in diesem Fall: Volumen, Geschmack) hat er den Vorteil, daß ich ihn mehrere Tage vorher backen muß.

Die Zutaten werden in folgender Reihenfolge verarbeitet bzw. untergerührt: Butter, Zucker, Eier, abgeriebene Zitronenschale, Vanillezucker, 1 Prise Salz, eingeweichte und abgetrocknete Rosinen, gewürfeltes Orangeat, gewürfeltes Zitronat, die grob gehackten Walnußkerne, die gestifteten Mandeln, Mehl mit 1 gehäuften TL Backpulver, die in kleine Würfel zerbrochene feine Milchschokolade.

Eine Napfform gut ausbuttern, Boden und Seiten mit 2 EL gehobelten Mandeln bestreuen. Den Teig einfüllen. In der unteren Hälfte des Ofens bei 175-180° 90 Minuten backen. Der Kuchen soll dunkelgelb, aber nicht braun werden. Daß dieses Kraftpaket 3 Tage ruhen muß, damit alle Ingredienzen gut durchziehen, dürfte klar sein. Daß man davon, obwohl er so toll schmeckt, nur ein Stück ißt, verlangt die Vernunft. Daß er schließlich jedes kunstvolle Dessert ersetzt und spielend mit dem Weihnachtsstollen vom stadtbesten Konditor konkurrieren kann, das wissen Sie, wenn Ihnen der erste Brocken auf der Zunge zergeht.

Und weil vielen ein einfacher Kuchen nicht genug sein wird, folgt nun ein Walnuß-Parfait. Die Eigelb im Wasserbad schaumig schlagen, nach und nach Zucker und Weinbrand (oder Nußlikör) unterrühren, bis eine dicke Creme entsteht. Die frisch gemahlenen Walnüsse untermischen (1 EL aufheben). In Eiswasser abkühlen lassen, ab und zu durchrühren. Die Sahne möglichst mit der Hand steif schlagen. Die Masse in eine Porzellanschüssel umfüllen und mit 1 EL Sahne geschmeidig rühren. Die restliche Sahne vorsichtig unterziehen. 1 EL grob gehackte Walnüsse auf der Oberfläche verstreuen. Ins Gefrierfach stellen. Eine Stunde vor dem Servieren herausnehmen.

Ein kunstvolles Dessert ist dieses Walnuß-Parfait nicht, aber es besteht aus allem, was einem Süßmaul lieb und teuer ist. Es versetzt zurückhaltende Esser in Entzücken und Kinder in Ekstase; vor allem aber ergänzt es sich mit dem Mahlberger Schloßkuchen so ideal, daß ich die beiden zusammen auf einem Teller serviere.

DIE WEINE

Zum 1. und 2. Gang – beide Male Meeresprodukte – ist ein Chardonnay vorzuziehen. Aus Nordkalifornien kommen nicht die schlechtesten. Der Sonoma Cutrer Les Pierres, Jahrgang 1985, ist sogar ganz vorzüglich!

Auch zum 3. Gang, der Fasanenbrust, wäre ein Weißwein möglich. Ich plädiere jedoch für einen Bordeaux aus einem besonders leichten Jahrgang: 1984er Château Gloria, ein Cru Bourgeois der Appellation St. Julien.

Der Muscat de Beaume-de-Venise ist ein blasser, nicht allzu süßer Wein aus Südfrankreich. Ihn trinke ich zum Kuchen.

Menü 8

Pellkartoffel rosa

Grünkernrisotto
mit Pilzen

Pot-au-feu Royal

Pflaumen
mit Zimtsabayon

Ein Pot-au-feu ist dasselbe wie ein Bollito misto, also eine Gemüsesuppe, in der verschiedene Fleischsorten gekocht worden sind: Huhn, Kalb, Rind, Zunge. Das ist nicht gerade ein Armeleuteessen, aber auch kein Grund, der Hausfrau, die einen solchen Eintopf auf den Tisch bringt, Verschwendung vorzuwerfen. Fürs Weihnachtsmenü darf es jedoch ein Pot-au-feu Royal sein, wie ich meine. Der Unterschied zur Alltagsfassung besteht in der besseren Qualität der einzelnen Fleischstücke. Und darin, daß dieser Eintopf nicht aus dem Suppenteller gegessen wird.

Vorher aber gibt es ein Weihnachtsgeschenk für unsere Müslifreunde, ein Grünkernrisotto mit Pilzen. Und als ersten Gang nur eine Kartoffel.

Der rosa Kaviar auf den Kartoffeln, die Pilze im Risotto, die vier verschiedenen feinen Fleischsorten, die Pflaumen mit der Sabayon – das ist ein Gaumen- wie ein Augenschmaus.

PELLKARTOFFEL ROSA

Pro Person:

1 große mehlige Kartoffel, Crème fraîche, Keta-Kaviar

Eine große, mehlige Kartoffel pro Person wird gewaschen und gar gekocht. Dann das obere Drittel der Länge nach abschneiden. Die Kartoffel aushöhlen, die heißen, ausgekratzen Weichteile mit Crème fraîche verkneten, wieder einfüllen. Drauf einen Klacks Crème fraîche und diesen mit Keta-Kaviar dekorieren. Keta-Kaviar ist Rogen vom Lachs; es sind große, rosa Körner, die keine Ähnlichkeit mit den kleinen, grauen des Störs haben – auch nicht mit deren Preis. Aber lecker ist Keta-Kaviar trotzdem!

GRÜNKERNRISOTTO MIT PILZEN

Für 4-5 Personen:

250 g Grünkern, ca. 1/2 l Bouillon, 500 g Pfifferlinge (oder getrocknete Steinpilze; zur Not frische Champignons), 50 g Butter, 1 EL Schalotten, feingehackt; Zitronensaft, Salz, Pfeffer, gehackte Petersilie

Grünkern gibt es mittlerweile in allen Biokost- und Reformhäusern. Dabei handelt es sich um eine Weizenart, den Dinkel, der nicht ganz ausgereift ist und beim Kochen stark quillt, ohne klebrig zu werden und, so er gut gewürzt wird, eine gewisse Ähnlichkeit mit wildem Reis hat. Ich halte ihn für eine Bereicherung unserer Küche. Ich brauche den Grünkern in ganzen Körnern, nicht geschrotet oder gemahlen! Die Körner müssen mehrmals gründlich gewaschen werden, da sie staubig sind und leere Hülsen haben. Man kann Grünkern in Wasser kochen und gekörnte Brühe zusetzen. Wie immer aber ist es besser, eine natürlich entstandene Hühner- oder Fleischbrühe zu nehmen. Und die steht mir bei diesem Menü ja zur Verfügung.

Also setze ich die Körner mit einer kräftig gewürzten Bouillon auf, ungefähr doppelt soviel Brühe wie Körner im Topf sind. Einmal aufkochen lassen und dann zugedeckt auf ganz kleiner Flamme gar ziehen lassen. Nach ungefähr 40 Minuten nachsehen, wie es um die Feuchtigkeit bestellt ist. Also: entweder den Deckel weglassen, damit der fast gare Grünkern trocken wird, oder aber noch einige EL Bouillon angießen. Rühren ist gestattet; der Weizen ist nicht so empfindlich wie Reis.

Um die Weihnachtszeit sind frische Pfifferlinge selten und teuer. Es bedarf wahrscheinlich eines Einkauftrips in die Großstadt, um sie zu finden. Als immobiler Landbewohner greife ich auf getrocknete Steinpilze zurück. Konservenpilze taugen nichts, lieber nehme ich frische Champignons, die genauso gebraten werden wie Pfifferlinge und wie letzten Endes auch die getrockneten Steinpilze, welche einen schönen, intensiven Geschmack haben. Sie werden eingeweicht, abgetrocknet und eventuell halbiert. In ei-

ner großen Pfanne Butter heiß werden lassen. Darin die sehr fein gehackten Schalotten anschwitzen. Die Hitze erhöhen und die Pilze anbraten. Salzen, pfeffern und mit Zitronensaft würzen. Den Grünkern unter die Pilze mischen (nicht umgekehrt, weil so die Körnermenge reguliert werden kann!), auf Teller füllen und mit Petersilie bestreuen. Wie bei Reisgerichten auch, entscheidet hier allein die Art des Würzens über Banalität oder Delikatesse. Und natürlich das Verhältnis von Pilzen zum Grünkern: Je mehr Pilze, desto besser. Weil es sich um ein Zwischengericht handelt, serviere ich nur kleine Portionen.

POT-AU-FEU ROYAL

Für 6 Personen:

1 kleine oder eine halbe große Kalbshaxe, 1 große Beinscheibe vom Rind, eine Handvoll Markknochen, eine Handvoll Ochsenschwanzstücke, 1 kleine oder eine halbe große gepökelte Kalbszunge, 1 Suppenhuhn, 1 Entenbrust

Das übliche Suppengrün: Lauch, Karotte, Sellerie, Zwiebel, Lorbeer, Thymian, Nelken, Pfefferkörner

4 große Karotten, 3 Stangen Lauch, 1 tennisballgroßes Stück Sellerie, 6 kleine Tomaten, pro Person 1 große, halbmehlige Kartoffel

Basilikum, Petersilie, frischer Thymian, Knoblauch, Senf, Zitronensaft, Olivenöl, Salz, Pfeffer

Eine Fleischsuppe mit Einlage – so könnte man das Hauptgericht nennen, wenn man es verharmlosen, aber nicht die Unwahrheit sagen will. Was die Arbeit angeht, so verlangt dieser Fleischtopf tatsächlich nicht mehr Aufwand als eine normale Rinderbrühe. Nur handelt es sich hier nicht um eine normale Bouillon, sondern um eine königliche, um einen Pot-au-feu Royal. Und der läßt sich für 3 Personen nicht, für 4 Personen nur unvollkommen herstellen. Denn mit kleinen Mengen ist das Resultat ebenfalls nur klein. (Es sei denn, ich koche den Topf für zwei Tage, also die doppelte Menge.)

Zum Huhn ist zu sagen, daß ein Suppenhuhn einfach mehr Hühnergeschmack hat als ein Brathuhn. Dafür kann es passieren, daß es am Ende praktisch ungenießbar ist und weggeworfen werden muß. Weil bei einer ähnlichen Bemerkung vor Jahr und Tag viele Leser protestierten, möchte ich zitieren, was eine Hühnerzüchterei einer unzufriedenen Kundin zu diesem Thema schrieb: »Lassen Sie sich einmal von uns sagen, daß ein Suppenhuhn stets ein Abfallprodukt darstellt. Nach einer Lagerzeit von 300 bis 500 Tagen (...) sind diese Tiere dann ein total heruntergemergeltes Wirtschaftsgut, welche in der Regel nur noch für eine Suppe zu verwerten sind« (nach der *Badischen Zeitung*).

Auf Märkten besteht die Chance, ein Suppenhuhn zu kaufen, das auch in ausgekochtem Zustand noch eßbare Teile aufweist. Dieses Huhn also setze ich mit dem Ochsenschwanz, den Knochen, der Kalbshaxe und der Beinscheibe in kaltem Wasser auf. Zum Kochen bringen und den aufsteigenden Schaum mehrmals abschöpfen. Gut salzen; für einen 10-Liter-Topf brauche ich einen guten EL grobes Salz. Dann das Suppengrün dazugeben. Bei sehr kleiner Flamme 3 Stunden mehr ziehen als köcheln lassen. Wie so oft ist auch hier die sanfte Tour die bessere. Sprudelnd gekocht würde das Fleisch hart und die Brühe trüb. Nach 3 Stunden wird die Haxe butterweich sein, das Huhn gar und die Beinscheibe vielleicht auch. Manchmal aber braucht sie 4 Stunden, manchmal wird sie nie weich. Deshalb brauche ich sie, wie den Ochsenschwanz und eventuell das Huhn, zunächst nur zum Auskochen. Sollte sie eßbar sein, um so besser.

Beim Abschmecken der Brühe merke ich schon jetzt, daß da etwas Besonderes im Topf ist. Ich nehme die eßbaren Fleischteile heraus, löse sie von den Knochen und befreie sie von Haut und Fett. Dann wird die Brühe durchgesiebt. Suppengrün und Ochsenschwanz haben ihre Schuldigkeit getan. Wer's mag, kann die Markknochen retten. Die Fleischteile kommen zurück in die Brühe, und die wird über Nacht kalt gestellt. Am anderen Morgen läßt sich der Fettdeckel leicht entfernen und mit ihm die Sorge, das Weihnachtsessen könnte zu mächtig sein.

Der Anblick einer Kalbszunge ist manchen Leuten nicht angenehm. Ich kann das verstehen; auf den Tisch kommt sie bei mir (nicht nur deshalb) in aufgeschnittener Form. Ihre Zubereitung ist denkbar einfach: 2 Stunden in salzigem Wasser sprudelnd kochen

lassen. Dann die Haut abziehen und alle unansehnlichen Teile wegschneiden. Sie ist rot, sehr zart und hat einen würzigen Geschmack, der sich zwischen dem sanften Huhn und der milden Kalbshaxe wunderbar einfügt (und die traditionellen Würste vertreten muß, die hier bewußt weggelassen werden).

Inzwischen habe ich die Gemüse geputzt bzw. geschält. Die Tomaten werden ganz belassen, alles andere wird in mundgerechte Würfel geschnitten. Zusammen in die Bouillon geben, die sicherheitshalber noch einmal abgeschmeckt wird. Eine halbe Stunde leicht köcheln lassen. Die Fleischteile mit einlegen. In den letzten Minuten geschieht folgendes: Die Entenbrust, das sind die beiden Brusthälften, enthäutet und ohne Knochen, von jeglichem Fett befreit, wird an einem Faden in die Bouillon gehängt. 6 Minuten ziehen lassen; herausnehmen.

Wenn mehr als 6 Personen am Tisch sitzen (Weihnachten kommt ja schon mal was zusammen), wäre zusätzlich noch ein Stück Rinderfilet denkbar. Je mehr Personen, um so besser für diesen Pot-au-feu! Entenbrüste werden vielfach bereits ausgelöst angeboten. Muß man eine komplette Ente kaufen, hat man für den nächsten Tag noch die beiden Keulen, die zwar nicht viel hergeben, sich aber durch langes Braten auch noch in eine kleine Mahlzeit verwandeln lassen. Vom Rinderfilet nehme ich lieber zwei, drei Scheiben von 4 Zentimeter Dicke als ein großes Stück, weil sich sonst die Garzeit nicht präzise bestimmen läßt. Gar sind sowohl Filet wie Entenbrust, wenn sie innen noch leicht rosa sind. Und das ist bereits nach 6 Minuten der Fall.

Serviert wird das Fleisch auf einer Platte, umlegt von einem Teil der Gemüse. Die Bouillon bleibt im Topf, sie ergibt am nächsten Tag eine prächtige Suppe! Da die Tomaten nicht enthäutet waren, sind sie ganz geblieben. Die Häute, die jetzt geplatzt sind, müssen vor dem Servieren abgezogen werden. Und damit das alles sich zu einer schönen Harmonie verbindet, stelle ich dazu eine grüne Sauce auf den Tisch: sehr viel Basilikum und Petersilie, etwas frischen Thymian, Knoblauch nach Belieben, 1 TL Senf, 1 Spritzer Zitronensaft, Pfeffer und Salz in eine Rührschüssel geben, mit kalt geschlagenem Olivenöl aufgießen und mit dem Mixstab pürieren. Abschmecken. Mehr nicht. Aber dieses Wenige gibt sowohl dem Gemüse wie dem Fleisch einen köstlichen, einen königlichen Geschmack!

PFLAUMEN MIT ZIMTSABAYON

Für
4 Personen:

*500 g frische Pflau-
men, 30 g Zucker,
Saft von 1 Zitrone,
4 Eigelb,
¹/₈ l Weißwein,
1¹/₂ EL Zucker,
1 TL Zimt, Puder-
zucker (Zwetsch-
genwasser)*

Für das Dessert brauche pro Person 125 g frische Pflaumen. Diese in kochendem Wasser brühen und die Haut abziehen. Die Pflaumen halbieren und entkernen. Feuerfeste Portionsformen (eine große Gratinform tut's auch) ausbuttern und mit Zucker ausstreuen. Die Pflaumen einlegen, leicht zuckern und mit Zitronensaft beträufeln. (Gibt's, ähnlich wie bei den Pfifferlingen, auch mit frischen Pflaumen Schwierigkeiten, so nehme ich Backpflaumen. Sie werden über Nacht in Wasser eingeweicht, entkernt und 1 Stunde in süßem, schwarzem Tee gekocht. Danach werden sie behandelt wie die frischen Pflaumen.)

Im Wasserbad eine Sabayon montieren: die Eigelb mit dem Weißwein und dem Zucker sowie dem Zimt solange schlagen, bis die Masse schaumig-steif wird. Über die Pflaumen gießen und bei starker Oberhitze oben im Backofen (oder unterm Grill) kurz gratinieren. Mit Puderzucker bestreuen, servieren. Wer nichts gegen Schnaps hat, darf die Pflaumen mehr oder weniger großzügig mit Zwetschgenwasser parfümieren.

DIE WEINE

In der Umgebung von Pau, in Südwestfrankreich, wird ein relativ unbekannter Weißwein erzeugt, den ich sehr schätze: der Jurançon, entweder trocken (sec) oder süß (molleux). Von Charles Hours gibt es einen Cuvée Marie bezeichneten trockenen Jurançon, den ich zu den Pellkartoffeln trinke.

Zum Grünkernrisotto passen wahrscheinlich alle Weine. Ich öffne eine Flasche Château Lynch-Bages, Jahrgang 1986, ein edler Bordeaux aus der Appellation Pauillac, den ich auch zum Hauptgericht trinke.

Zum Dessert soll dann ein Champagnerkorken knallen. Ein 1985er Blanc de Noirs aus dem Hause Jeanmaire darf es sein.

Menü 9

Wintersalat
mit Walnüssen

Garnelenschwänze
provençalisch

Gefüllte
Lammkeule

Apple Crumble

Das Bewährte und Vertraute wird oft sträflich vernachlässigt. Gerade weil es wie selbstverständlich zur Verfügung steht und nie Schwierigkeiten gemacht hat, rangiert es auf dem Jahrmarkt der Attraktionen irgendwo im Mittelfeld. Spitzenreiter sind immer die auffälligen, effektvollen Dinge. Wenn es nur neu ist, nur einen Hauch von Exotik besitzt, ja, dann sind wir schon halb überzeugt. Um keine Mißverständnisse aufkommen zu lassen: Hier ist vom Essen die Rede, vom Weihnachtsbraten.

Ich meine allerdings nicht die vertraute und bewährte Weihnachtsgans, sondern die mit Schafskäse gefüllte Lammkeule. Und so vertraut ist die auch wieder nicht, obwohl ich ihre Schönheit schon vor Jahren gerühmt habe. Das liegt, man möchte es nicht glauben, an den immer noch grassierenden Vorurteilen der Deutschen gegenüber dem Schaf. Ein Stück vom Schaf als Weihnachtsbraten? Da könnte man ja gleich zum Pferdemetzger gehen! (Aber vom Schwein essen sie zweimal in der Woche.)

Lammfleisch ist zart und sehr bekömmlich; es ist weder fett noch riecht es penetrant. Letzteres war früher zweifellos oft der Fall, aber dann war es kein Lamm, sondern ein Hammel oder ein Schaf mit mehreren Jahren auf der Wolle. Doch die gibt's schon lange nicht mehr. Was es heute gibt, sind Schafe, die unter ein Jahr alt sind und deshalb noch Lämmer genannt werden. Die ganz jungen, die Milchlämmer, sind eher nichtssagend, ohne viel Geschmack.

Ein Weihnachtsbraten – der Name sagt es – soll nach allgemeiner Übereinkunft lange im Ofen braten. Beim Lamm bedeutet das: die Keule. Also ein Braten für die Großfamilie oder den genußsüchtigen Freundeskreis. Sechs Personen braucht man schon, um eine Lammkeule auf einen Sitz zu verputzen, und wenn es vorher und nachher viel zu essen gibt, reicht sie auch für acht. (Man kann natürlich auch eine halbe Keule kaufen; aber dann macht das Braten weniger Spaß.)

Und vorher, weil mein Weißwein bei diesem Essen sonst nicht richtig zur Geltung käme, ein paar von diesen Dingern, bei denen man sich nie sicher ist, ob sie dasselbe sind wie die Scampi der italienischen Küche, ob sie Garnelen heißen oder Langostinos. Sicher kann man nur sein, daß sie tiefgefroren sind oder es wenigstens waren. Und so was empfiehlt Siebeck? höre ich jetzt die skeptischen Stimmen aus den alarmierten Küchen.

Ja. Weil es die nämlich frisch nicht gibt. Ich weiß auch nicht warum. Frische Blumen aus Kolumbien, lebender Hummer aus Kanada, Obst aus allen Ecken dieser Welt – eigentlich gibt es alles frisch. Nur diese dicken Krebsschwänze nicht. (Krebs? Hat er nicht gerade von Garnelen gesprochen? Der Mann weiß wohl selber nicht, wovon er redet!) Sie heißen übrigens auch Kaisergranat, und als Hummerkrabbenschwänze oder Gambas sind sie ebenfalls zu haben, wobei es gewiß Unterschiede gibt. Aber wie in jedem vernünftigen Kochbuch bei einem Hummerrezept ersatzweise Languste steht, so sind auch hier die Unterschiede eigentlich nur für den Zoologen wichtig.

In allen Fällen sind die Schwänze der Schalentiere kernig und leicht süßlich im Geschmack, und immer sind die dicken Exemplare den dünnen vorzuziehen. Da ich sie nur als Zwischengericht benötige, genügen zwei, oder wenn es kleine Exemplare sind, drei Stück pro Person. So halten sich die Kosten in Grenzen. Denn wenn es sich auch nicht um teure Hummer handelt, so sind Garnelenschwänze doch nicht gerade billig.

WINTERSALAT MIT WALNÜSSEN

**Für
6 Personen:**

ca. 350 g Feldsalat

*Vinaigrette aus
Sherry-Essig, Salz,
Zucker, 1 Schalotte
und Walnußöl*

*12 Walnüsse,
12–15 Champignons, schwarzer
Pfeffer*

Zuerst gibt es den beliebten Salat. Zu Recht beliebt, denn der Wintersalat heißt Feldsalat (oder Nissel), und den finde ich entschieden delikater als das sommerliche Kaninchenfutter namens Kopfsalat. Außerdem erspare ich mir mit dem Salat, bequem wie ich bin, die Gemüsebeilage zur Lammkeule.

Den Feldsalat waschen und gründlich trocken schleudern. Sollten die Blätter noch büschelweise zusammenhängen, die Stiele vor dem Waschen abschneiden. Sherry-Essig (Vinaigre de Xerés) mit Salz und einer Prise Zucker verrühren, die sehr fein gehackte Schalotte dazugeben und Walnußöl mit einer Gabel einrühren, Verhältnis 1:3. Sherry-Essig ist sehr viel milder als der normale Essig, daher der verhältnismäßig große Anteil. Frische Walnüsse entkernen und in kleine Stücke brechen. Frische Champignons (pro Portion 2-3 Stück) putzen und in 2 mm dicke Scheiben schneiden. Den Salat auf Tellern anrichten, Champignons drauflegen, darüber die Nüsse streuen und großzügig mit grob geschrotetem schwarzen Pfeffer bestreuen. Über alles die Vinaigrette gießen, servieren.

GARNELENSCHWÄNZE PROVENÇALISCH

**Für
6 Personen:**

*12 Garnelenschwänze, Olivenöl, Salz, Cayennepfeffer, 1 Msp. Safranpulver,
1 Knoblauchzehe,
2 EL Butter,
3–4 EL Tomatenconcassé,
1 EL Pastis,
1 Prise Zucker*

Die Schalen der Gambas entfernen. Das mache ich mit den Fingern und es geht ganz einfach. Das Schwanzende ist spitz und dunkel, das reiße ich ab und hoffe, daß dabei der sehr dünne Darm des Schalentieres herausgezogen wird. Robuste Naturen kümmern sich nicht weiter um ihn; die Empfindsamen erwischen ihn mit Sicherheit, indem sie das dicke Schwanzende senkrecht mit dem Messer einschneiden. Dann wird er sichtbar und kann herausgezogen werden.

Im Prinzip ist die Grundzubereitung von Langostinos so begrenzt wie die von Bratwürsten. Aber anders als bei den deftigen Schweinsprodukten kann man den zarten Schalentieren durch unterschiedliche Würzungen die überraschendsten Geschmacksnuancen abgewinnen. Ich liebe besonders die leicht süßlichen Versionen der asiatischen Küche, wo mit exotischen Saucen, Honig oder süßem Wein gearbeitet wird. Feinschmeckern wird das sofort einleuchten; doch an einem deutschen Weihnachtsessen nehmen ja auch Kinder und die Oma teil und bei denen ist der Erfolg solcher Extravaganzen nicht garantiert. Deshalb soll bei folgendem Rezept die Exotik auf einige Safranfäden beschränkt bleiben.

In einer Pfanne Olivenöl sehr heiß werden lassen. Die Schwänze hineinlegen (Vorsicht, spritzt!), salzen, mit Cayenne pfeffern und mit 1 Msp. Safranpulver (bzw. 1/4 TL Safranfäden) bestreuen. Nach 1 Minute die Schwänze einzeln umdrehen, wieder salzen, 1 dicke Knoblauchzehe durchpressen und die Pfanne schütteln, damit sich die Zutaten vermengen. Nach weiteren 2 Minuten bereits vom Feuer nehmen. Die Schwänze – sie sind leicht rosa geworden – mit dem Schaumlöffel herausheben und auf Tellern anrichten. Die Butter in die Pfanne geben, aufschäumen lassen und 2-3 EL kleingewürfeltes Tomatenfleisch (ohne Haut, Saft und Kerne) dazugeben, kurz andünsten lassen. Abschmecken, evtl. nachsalzen. 1 EL Pernod oder Ricard dazugießen, 1 Prise Zucker, nochmals kurz aufkochen lassen und über die Schwänze gießen. Sofort servieren.

Wichtig ist, daß Gambas nur ganz kurz und sehr heiß gebraten werden. So bleiben sie knackig und saftig, während eine nur um 2 Minuten verlängerte Bratzeit sie mehlig und trocken werden läßt. Bei den Gewürzen bin ich nicht pingelig. Es handelt sich hier ja um eine kräftige aromatische Speise, also gehe ich mit Pfeffer, Knoblauch und Safran großzügig um. Dazu Weißbrot. Und natürlich ein kräftiger, sehr trockener Weißwein ohne blumige Fruchtigkeit.

GEFÜLLTE LAMMKEULE

**Für
5-6 Personen:**

*1,5 kg Lammkeule
ohne Knochen,
300 g bulgarischer
Schafskäse,
4–8 Knoblauch-
zehen, 12 Schalot-
ten, 1 große Toma-
te, 1/4 l Sahne,
2 Stückchen Selle-
rie, Rosmarinpul-
ver, Salz, Cayen-
nepfeffer, Kalbs-
brühe, Olivenöl*

Bandnudeln

Bei der Lammkeule rechne ich mit 250 g pro Person, ohne Knochen. Den lasse ich vom Metzger herausschneiden; die äußere Haut und dicke Fettstellen werden ebenfalls entfernt.

Mit einer Gabel vermenge ich den Schafskäse und den durchgepreßten Knoblauch mit nicht wenig Rosmarinpulver. Die auseinandergeklappte Keule bestreue ich innen, wo der Knochen gesessen hat, mit weiterem Rosmarin und etwas Cayennepfeffer. Darauf lege ich den zubereiteten Käse und klappe die Keule zusammen. Da ich bequem bin, nehme ich nun einen langen, dünnen Bindfaden (kein Nylon!) und umwickle die zusammengeklappte Keule so gründlich, daß sie zu einem strammen Paket wird. Besser wäre es zwar, wenn ich sie mit Nadel und Faden zunähen würde; aber wie gesagt, die Bequemlichkeit...

Das Fleischpaket brate ich von allen Seiten in heißem Olivenöl an. Dann wird es gesalzen und kommt zusammen mit der geviertelten und enthäuteten Tomate, zwei Stückchen Sellerie und den enthäuteten aber ganzen Schalotten in eine passende Bratform (Reine) und das Ganze für knapp 2 Stunden in den auf 200° vorgeheizten Backofen. Eine halbe Tasse Brühe dazu und nach 20 Minuten die Temperatur auf 120° reduzieren. Von Zeit zu Zeit weitere Kalbsbrühe angießen, doch sollte das Fleisch nie in viel Flüssigkeit liegen; diese soll nur das Verbrennen des Fleischsaftes verhindern.

Erst gegen Ende der Bratzeit erinnere ich mich daran, daß ich ja auch eine Sauce brauche. Und die entsteht nicht zuletzt durch eine kleine Unvollkommenheit. Denn so fest ich auch das Fleischpaket zusammengeschnürt habe, es verändert sich durch die Hitze, und von der Füllung gelangt etwas in den Bratensaft. Wunderbar! Denn das erst gibt der Sauce den herrlichen Geschmack! Nach beendeter Garzeit lasse ich die Sauce separat einkochen, gieße Sahne an und, so vorhanden, etwas steifen Kalbsfond; den Rest besorgt die würzige Basis.

Im Gegensatz zu anderen Lammbraten soll das Fleisch hier nicht mehr rosa sein; trotzdem aber nicht saftlos und durchgebraten. Also Vorsicht vor zu großer Hitze! Zu der kräftigen, fast deftigen Sauce passen Bandnudeln am besten. Gemüse nicht. Wein: rot und nicht so leichtgewichtig.

APPLE CRUMBLE

**Für
6 Personen:**

*1 kg Äpfel (Golden
Delicious),
2 EL Zucker,
1 TL Zimt,
80 g Rosinen,
1 Glas Weißwein
oder Apfelmost,
Saft von 1 Zitrone,
1 Prise Nelken-
pulver.*

Für die Streusel:

*100 g Mehl, 60 g
geschmolzene But-
ter, 50 g Zucker,
1 Msp. Salz,
200 g Crème fraî-
che, Calvados*

ist ein englisches Rezept, fast primitiv einfach und auch geschmacklich irgendwie normaler Hausmannskost verwandt. Doch spätestens, wenn sich verwöhnte Feinschmecker mit dieser Hausmannskost den Teller zum drittenmal füllen, wird klar, daß sich hinter dem scheinbar rustikalen Apfelgratin mehr verbirgt als der obere Teil eines Apfel-Streuselkuchens.

Die Äpfel schälen, vierteln, das Kerngehäuse herausschneiden und die Viertel noch einmal halbieren. Mit Zucker, Zimt, Nelkenpulver, Zitronensaft und dem Wein aufsetzen und zugedeckt leicht köcheln lassen, bis die Äpfel gerade gar, aber noch nicht weich sind. Die Flüssigkeit sollte so gut wie verkocht sein. Die eingeweichten Rosinen untermischen und alles in eine flache Gratinform geben.

Mehl, Zucker und Butter miteinander verrühren, wobei sich die Streusel fast automatisch bilden. Auf die Apfelmasse streuen und unter der Oberhitze im Ofen langsam (ca. 30 Minuten) gar werden lassen. Abschließend unter dem Grill oder bei verstärkter Oberhitze leicht anbräunen. Zum warmen Apfelgratin serviere ich – und das ist der Pfiff – gut gekühlte Crème fraîche. Und weil Oma und die Kinder es nicht so schätzen wie ich, präpariere ich extra für mich und meine Gesinnungsgenossen eine Schale Crème fraîche, in die ich ein nicht zu kleines Glas Calvados eingerührt habe.

DIE WEINE

Die Nüsse im Salat legen einen Sherry nahe; die Garnelenschwänze wünschen sich einen Chardonnay, und zwar kein Leichtgewicht. Ich entscheide mich für einen Cervaro della Sala aus Umbrien, Jahrgang 1988 oder 1990, einen der besten aus Italien.

Bei der gefüllten Lammkeule wird geklotzt. Der Château Rayas ist der beste Châteauneuf-du-Pape, der 1985er eine Bombe!

Und zum Dessert eine große deutsche Beerenauslese, den Rieslaner vom Weingut Karl Schäfer in Deidesheim.

Menü 10

Provençalische
Champignons

Gurkensuppe
mit Lachs

Fasan
mit Weinkraut
und
Kartoffelpüree

Dattel-Soufflé

Manche Gerichte haben nur deshalb einen schlechten Ruf, weil wir zuviel davon essen. Zum Beispiel Sauerkraut und Kartoffelpüree. Wenn beide richtig lecker zubereitet sind, esse ich davon mehr, als ich will. Deshalb sind diese beiden Beilagen, die hier zum Fasan serviert werden, mit Vorsicht zu genießen. Und Vorsicht bedeutet nichts anderes als *kleine* Portionen! Damit trotzdem niemand hungrig vom Tisch aufstehen muß, gibt es vorher Champignons, die werden kalt serviert, sind ziemlich scharf und können einen Tag im voraus gemacht werden, sowie eine leichte Suppe – natürlich ebenfalls nicht zum Sattessen. Vom Dessert verspreche ich mir allerdings ein Ende der Zurückhaltung: Weihnachten ist schließlich nur einmal.

PROVENÇALISCHE CHAMPIGNONS

Für 4-6 Personen:

¹/2 Tasse Weißwein, ¹/2 Tasse Wasser, ¹/4 Tasse Olivenöl, Saft von 1 Zitrone, 2 EL Rosinen, 1 EL Korianderkörner, 1 TL Tomatenpüree, 1 TL Lavendelhonig, ¹/2 TL Safran, 1 Lorbeerblatt, 1 Sträußchen Thymian, Salz, Cayennepfeffer, 750 g Champignons, 1 weiteres Glas Olivenöl

Olivenöl und Lavendelöl, Koriander und Thymian sind die Wahrzeichen der provençalischen Küche; kalte Vorspeisen lassen an Wind und südliche Sonne denken. Die Champignons erfüllen alle Voraussetzungen dafür. Außerdem sind sie leicht und lecker.

Weißwein, Wasser, Olivenöl und Zitronensaft mit den Gewürzen in einem Topf zum Kochen bringen.

Währenddessen Champignons putzen und in Würfel schneiden. In die köchelnde Brühe geben, ca. 5 Minuten garen lassen. Die Pilze mit einem Schaumlöffel herausheben und in eine Porzellanschüssel füllen. Den Saft einkochen lassen, damit er seinen suppigen Charakter verliert und eher einer Vinaigrette ähnelt; die soll sehr würzig und scharf sein. Also sorgfältig abschmecken und eventuell nachwürzen. Über die Pilze gießen. Die sollten noch mindestens einen halben Tag ziehen. Dann mit Weißbrot und einem frischen Weißwein servieren. Kurz vorher gieße ich noch ein Glas Olivenöl über die Champignons.

GURKENSUPPE MIT LACHS

Für 4 Personen:

2 Schlangengurken, 500 g frischer Lachs, 1 l ungesalzene Hühnerbrühe, 100 g Sahne, 1 EL feingehackter Dill, Butter, Curry, Zitronensaft, Salz

Diese Suppe vereinigt Wohlgeschmack mit Schönheit: Hellgrün und Rosa ist nun einmal eine hübsche Kombination.

Die Gurken schälen, halbieren und die Kerne herauskratzen. In lange Streifen und dann in kleine Würfel schneiden. 1 EL Butter in einem Suppentopf heiß werden lassen, darin die Gurkenwürfel anschwitzen, mit der Hühnerbrühe aufgießen und gar ziehen lassen, was ca. 10 Minuten dauert. 4 EL Gurkenstückchen herausfischen, den Rest im Topf mit dem Schnetzelstab pürieren. Die intakten Stücke wieder zurück in den Topf, die Sahne und den Zitronensaft (¹/2 Zitrone) dazugießen. Salzen, mit ca. ¹/2 TL Curry abschmecken, den Dill einstreuen.

Inzwischen habe ich das Stück Lachs sorgfältig enthäutet, das Fleisch von den Gräten geschnitten und in kleine, löffelgerechte Streifen zerlegt. Drei Minuten vor dem Servieren lege ich sie in die heiße Suppe, die danach nicht mehr kochen darf, und lasse sie gar ziehen; drei Minuten, länger nicht. Der Arbeitsaufwand ist minimal im Verhältnis zur Delikatesse, die hier mit wenigen, wenn auch edlen Zutaten erreicht wird.

FASAN MIT WEINKRAUT UND KARTOFFELPÜREE

Für 4 Personen:

*2 Fasane, 1 EL Wacholderbeeren,
1 TL schwarze Pfefferkörner,
1 TL Salz, große, dünne Scheiben fetter Räucherspeck,
100 g Knochenschinken,
2 EL Butter*

*500 g Sauerkraut, Butter, 1 Apfel,
1 TL Zucker, 1 Lorbeerblatt, 1 TL Wacholderbeeren,
1 Glas trockener Silvaner, Salz, Pfeffer, ca. 20 große Weintrauben*

500 g mehlige Kartoffeln, Sahne, Salz, Cayennepfeffer, Muskatnuß, Butter

(event. Wildfond, Rotwein, Madeira)

Früher war der Fasan eine fürstliche Delikatesse, ein Prunkstück für jede Festtafel. Das ist nicht einmal lange her. Die heutigen Fasane schmecken eher nach Huhn als nach einem Wildvogel, weil sie, wie die Hühner, gezüchtet und gefüttert werden. Im Oktober, wenn die Jagdsaison beginnt, dürfen sie ins Freie. Einige entkommen den wartenden Jägern und gründen in der verdreckten Wildnis im nächsten Frühjahr eine Familie. Das sind dann wieder richtig wilde Fasane. Auch sie gibt es zu kaufen, aber selten.

Fasane laufen lieber, als daß sie fliegen, was in meinen Augen zwar ein Indiz für eine höher entwickelte Intelligenz ist, ihren Beinmuskeln aber athletische Eigenschaften gibt, welche einen bedauerlichen Kontrast zu den zarten Brüsten bilden: Sie sind ziemlich zäh. Ganz und gar zäh aber sind Fasane, die über ein Jahr alt sind, also Freigelassene vom Vorjahr. Sie sind jedoch leicht zu identifizieren, weil der dreieckige Sporn, den alle Fasane am Hinterfuß haben, bei ihnen länglich und empfindlich spitz ist, während er bei einem jungen Fasan nur ein kleines stumpfes Dreieck bildet. Alte Fasane sind gut für die Suppe; als Braten taugen sie nichts.

Wenn ein eßbarer Vogel keinen deutlichen Eigengeschmack hat, dann sollte er wenigstens ein zartes, angenehm zu kauendes Fleisch haben. Das hat der Fasan. Seine Brust – sie allein macht ihn delikat – ist groß und fest, aber nicht hart; sie ist saftig, ohne (wie bei Käfighühnern) wässrig zu sein. Den fehlenden Geschmack würze ich dem Vogel an. Es gibt noch eine andere, die traditionelle, Methode, seinen Geschmack zu intensivieren: das Abhängen. Dazu darf er aber weder gerupft noch ausgenommen sein. Mir ist das Rupfen zu mühsam. Wer es dennoch auf sich nehmen will: vier bis fünf Tage in der Kälte hängen lassen, aber nicht einfrieren. Ein Fasan reicht für zwei Personen.

Gewürzt wird mein Fasan nur mit Wacholder, Pfeffer und Rauchspeck. Zunächst muß er zusammengebunden werden, mit einem Faden um die Unterbeine, damit er sich im Ofen nicht rekeln kann. Dann zerstoße ich im Mörser 1 EL Wacholderbeeren mit 1 TL schwarzen Pfefferkörnern und 1 flachen TL Salz. Die Wacholderbeeren lassen sich nicht sehr fein zermörsern, das ist auch nicht nötig. Mit dieser Mischung reibe ich die Brust ein; von innen wird der Vogel nicht gewürzt.

Zum Einwickeln des Fasans habe ich mir beim Metzger fetten, stark geräucherten Speck in sehr dünne und möglichst große Scheiben schneiden lassen; ungeräucherter Speck ist nicht geeignet. Zusätzlich besorge ich mir, ebenfalls sehr dünn geschnitten, mehrere Streifen mageren Knochenschinken. Dünn müssen Speck und Schinken sein, weil sich so ihr Aroma besser löst. Also lieber zwei oder drei hauchdünne Scheiben übereinanderwickeln als nur eine dicke! Der Fasan wird damit so gründlich bandagiert, daß er wie eine ovale Mumie aussieht. Dann binde ich ihn mit einem dünnen Bindfaden so fest zusammen, daß ich das Paket gefahrlos drehen und wenden kann.

Der Ofen ist auf 250° vorgeheizt. Ich nehme eine Bratform, die nicht größer ist als der Fasan, lasse 2 EL Butter aus, begieße den Vogel damit und lege ihn auf die Seite in die ebenfalls vorgeheizte Form, welche ich in den Backofen schiebe. Nach 10 Minuten drehe ich den Fasan auf die andere Seite, nach weiteren 10 Minuten auf den Rücken, insgesamt 30 Minuten, und er ist gar. Das heißt, die Brust ist gar, die Keulen noch nicht. Ich entferne Bindfaden und Speck, schneide die Keulen ab, die an der Schnittfläche noch ziemlich rosa sind, und lege sie zurück in die Bratform. Dann löse ich die beiden Brusthälften aus. Mit einem Messer am Brustbein entlang einschneiden und abtrennen. Das Fleisch sollte an der Innenseite noch einen ganz leicht rosa schimmernden Glanz haben, das ist ein Zeichen dafür, daß es nicht trocken gebraten wurde. Die Keulen verwende ich am nächsten Tag, indem ich sie noch ca. 10 Minuten leicht brate und dann zugedeckt weitere

10 Minuten schmoren lasse. Jetzt richte ich die Teller an: je eine Brusthälfte, Weinkraut und Kartoffelpüree.

Sauce ist nicht nötig, wie ich meine, da ja das Püree, wie es hier gemacht wird, alles andere als trocken ist; außerdem hat das Weinkraut genug Saft. Wo aber Sauce unbedingt sein muß – kein Problem! Ich brauche bloß einen vorbereiteten, dick eingekochten Wildfond, löse ihn in einer Pfanne mit etwas Rotwein und einem kleinen Glas Madeira auf, lasse reduzieren, gebe Butter hinzu, schmecke ab, und schon habe ich eine passende Sauce.

Über das begleitende Weinkraut müssen wohl nicht viel Worte gemacht werden: Sauerkraut nicht waschen, den zerkleinerten Apfel mit Zucker in reichlich Butter anschwitzen lassen, das Sauerkraut, Lorbeerblatt und 1 TL Wacholderbeeren dazu. Etwas trockenen Silvaner angießen. Salzen, pfeffern. Bei geschlossenem Deckel ca. 2 Stunden schmoren lassen, von Zeit zu Zeit Wein nachgießen. Pro Portion etwa 5 große, süße Weintrauben enthäuten, halbieren und die Kerne entfernen. Diese Traubenhälften kommen in den letzten 10 Minuten ins Sauerkraut. Sie sollen heiß werden, aber nicht verkochen.

Bei der Herstellung von Kartoffelpüree auf keinen Fall einen Elektroquirl oder ähnliche Atomisierer verwenden! Nur wenn sie langsam mit einem altmodischen Drahtstampfer bearbeitet werden, verwandeln sich Kartoffeln in ein lockeres Püree, andernfalls in klebrigen Brei. Also mehlig kochende Kartoffeln weich kochen. Abschütten, wieder auf den Herd stellen, zerteilen und alle Feuchtigkeit verdampfen lassen. Dann stampfen. Zunächst nur wenig Sahne anschütten – immer stampfen, nie rühren –, und nach und nach weitere Sahne dazugeben. Dabei mit Salz, Cayennepfeffer und frisch geriebener Muskatnuß abschmecken – nicht zu zaghaft bitte! Wer abschließend im heißen Püree noch einen Klumpen Butter schmelzen läßt, handelt vielleicht gegen die Vernunft, aber er verbessert den Geschmack.

DATTEL-SOUFFLÉ

**Für
5 Personen:**

*15 frische Datteln,
1 TL Zimt, 1 EL
gemahlene Hasel-
nüsse, Saft von
1 Zitrone, 2 Eigelb,
1 EL Zucker, 4 Ei-
weiß, 1 Prise Salz,
Cognac*

Backofen auf 200 Grad vorheizen. 5 feuerfeste Portionsförmchen von 9 cm Durchmesser ausbuttern und mit Zucker ausstreuen. Datteln enthäuten, entkernen und pürieren. Zimt, gemahlene Haselnüsse und den Zitronensaft mit dem Dattelpüree vermischen. Eigelb mit 1 flachen EL Zucker schaumig rühren, bis der Zucker sich auflöst. Mit der Dattelmasse vermischen. Eiweiß mit 1 Prise Salz sehr steif schlagen; 2 EL davon unter die Masse rühren, das restliche Eiweiß vorsichtig unterheben.

In die Förmchen füllen, welche nur zu ⅔ gefüllt sein dürfen, glattstreichen. In ein heißes Wasserbad stellen und auf der mittleren Schiene im Ofen garen lassen, bis die Masse aufgeht und an der Oberfläche braun wird, was ungefähr 20 Minuten dauert. Sofort servieren und, wenn kein Alkoholverbot besteht, mit etwas Cognac begießen.

Je frischer die Datteln sind, um so weniger süß sind sie und für dieses Soufflé besser geeignet. In jedem Fall ist die ausgleichende Säure durch die Zitrone wichtig.

DIE WEINE

Es muß nicht immer Frankreich sein: der im Barrique ausgebaute Weißburgunder von Karl Johner in Bischoffingen (Kaiserstuhl) ist zwar »nur« ein Tafelwein, aber ganz hervorragend! Der paßt, weil Lachs in der Suppe ist, auch zum 2. Gang.

Fasan mit Sauerkraut ist ein typisches Riesling-Essen. Deshalb eine besonders gute Flasche, den 1989er Erbacher Marcobrunn, eine trockene Spätlese vom Weingut Langwerth v. Simmern in Eltville.

Zum Dessert endlich was Dunkles im Glas: Taylor's Vintage Port 1970, darf aber auch noch älter sein.

Menü 11

Salat mit
Roquefort-
Kartoffeln

Saiblingsfilets
in der Folie

Perlhuhn
auf Wirsing

Honigquarksoufflé
mit Zitrone

Wie's aussieht, läuft wieder alles auf die Weihnachtsgans hinaus. Kalb vergiftet, Wild verstrahlt, Schwein versaut, Lachs verlaust, Froschschenkel verpönt... Was bleibt da noch übrig? Doch da finde ich in Heines »Wintermärchen« folgende Zeilen:

>»Es stand auf dem Tische eine Gans.
>Ein stilles, gemütliches Wesen.
>Sie hat vielleicht mich einst geliebt.
>Als wir beide noch jung gewesen.
>
>Sie blickte mich an so bedeutungsvoll.
>So innig, so treu, so wehe!
>Besaß eine schöne Seele gewiß.
>Doch war das Fleisch sehr zähe.«

Das genügt! Manchmal bedarf es der Dichtung, um uns auf den Boden der Tatsachen zurückzubringen. Außerdem liegt eine Gans immer schwer im Magen. Perlhuhn nicht.

SALAT MIT ROQUEFORTKARTOFFELN

**Für
4 Personen:**

*8 Wachteleier,
8 TL Roquefort,
4 Kartoffeln, festkochend, Batavia-Salat, Rotweinessig, Olivenöl, gehackte Schalotten, eingelegte Pfefferschoten (oder Knoblauch), Salz, Zucker*

Ein Menu, das mit diesem Salat beginnt, ist ein Wagnis. Es besteht nämlich die Gefahr, daß die Gäste hinterher sagen: »Warum haben die von dem Salat bloß so wenig gemacht? Ich hätte auf alles andere verzichten können!« Doch auf dem Teller darf sich nicht mehr befinden als vier halbe, noch warme weichgekochte Wachteleier, etwas Batavia-Salat (der mit den braun-roten Rändern) und vier heiße, mit geschmolzenem Roquefort gefüllte Kartoffelstücke. Die Kombination von kaltem Salat mit seiner säuerlichen Vinaigrette, den sanften Eiern und den kräftig aromatisierten, heißen Kartoffeln ist schlechthin unwiderstehlich. Deshalb lohnt sich auch die Arbeit, die ich mir mit den Kartoffeln mache. Sie müssen unbedingt von der festkochenden Sorte sein. Ich schäle sie und schnitze aus ihnen kleine runde Stücke, nur wenig dicker als ein halbierter Weinkorken. Mit der Spitze des Kartoffelschälmessers höhle ich sie aus. Dann werden sie in Salzwasser gekocht. Aber aufpassen, daß sie nicht zu weich werden und bei der kleinsten Belastung auseinanderbrechen! Abschütten und trockendünsten. In die Höhlungen fülle ich nun Roquefort – ein halber Teelöffel sollte in jedes Kartoffelstück hineinpassen – und plaziere sie auf eine feuerfeste Unterlage. Die schiebe ich unter den Grill oder hoch oben in den Backofen unter die voll aufgedrehte Oberhitze. Braun werden soll hier nichts; der Käse soll heiß werden und schmelzen, mehr nicht. Inzwischen habe ich die Wachteleier 2 Minuten gekocht, abgeschreckt, geschält und halbiert. Ich lege auf jeden Teller vier Hälften an den Rand, so daß sie sich gegenüberliegen. In die Tellermitte häufele ich den gewaschenen und getrockneten Salat, übergieße ihn mit einer Vinaigrette aus gehackten Schalotten, gehackten spanischen Pfefferschoten (guindillas en vinagreta), wahlweise auch Knoblauch. Salz, eine Prise Zucker, Rotweinessig und Olivenöl. Die heißen Kartoffelstücke mit dem geschmolzenen Roquefort werden zwischen die Eier gesetzt, und die Teller sofort serviert.

SAIBLINGSFILETS IN FOLIE

**Für
4 Personen:**

*4 Saiblinge (oder
4 kleine Lachsforellen), ca. 12–15
Champignons, Zitronensaft, Petersilie, Butter, trockener Vermouth,
Salz, Pfeffer*

Die Versorgung mit Fisch ist, zumindest in den Städten, besser als je zuvor. Exotische und rare Fische (die heute gezüchtet werden und also nicht mehr rar sind) liegen neben Steinbutt, Seeteufel und Knurrhahn. Der Saibling gehört zur Familie der Forellen, sein Fleisch ist rosa und fester als das einer Bachforelle. Da Saiblinge nicht sehr groß sind, brauche ich pro Person einen Fisch, den ich mir vom Händler filetieren lasse, doch die Haut soll er dran lassen. (Man muß sie nicht unbedingt essen, aber sie schützt das Fleisch beim Garen.) Saiblinge werden oft auch bereits filetiert angeboten. Und wenn gerade keine Saiblinge auf dem Markt sind, dann bestimmt Lachsforellen, welche hier einen durchaus vollwertigen Ersatz bilden. Sodann brauche ich pro Portion 3-4 Champignons. Die werden gesäubert und in hauchdünne Scheiben geschnitten (weil sie sonst nicht gar würden). Ich lege sie in eine Schüssel und beträufele sie großzügig mit Zitronensaft. Die Fischfilets unter kaltem Wasser abspülen und mit Küchenkrepp trockentupfen. Nun schneide ich rechteckige Stücke von der Alufolie. Darauf lege ich ein Filet mit der Haut nach unten, salze und pfeffere aus der Mühle. Darauf häufele ich so viele Champignonscheiben, daß das Filet bedeckt ist. Die Pilze extra salzen; einen Teelöffel grobgehackte Petersilie dazu. Nun das zweite Filet salzen und pfeffern und mit der Haut nach oben auf das erste Filet legen. Es ist jetzt ein ca. drei Zentimeter dickes Sandwich entstanden, auf dem ich zwei Butterflöckchen verteile. Dann wird der Fisch in die Folie eingeschlagen, welche ich an den Rändern mehrfach falte, damit das Päckchen luftdicht verschlossen ist. Die so verpackten Filets lege ich nebeneinander in eine Brat- oder Backform und schiebe sie in den 180° heißen Ofen. Nach 15 Minuten sind sie gar. Die Champignons haben ihren Saft abgegeben, ihn fange ich beim Öffnen der Pakete in einer Kasserolle auf und reduziere ihn, wobei ich ein kleines Glas trockenen Vermouth angieße. Abschmecken (Salz? Pfeffer? Zitrone?), und dann montiere ich einige kalte Butterstücke ein. Die Filets werden auf vorgewärmte Teller gelegt und mit der Sauce begossen. Das ist leicht und delikat und macht wenig Arbeit. In hungrigen Familien kann Reis dazu gereicht werden; bei mir gibt es nur Weißbrot.

PERLHUHN AUF WIRSING

**Für
6 Personen:**

*3 kleine Perlhüh-
ner, ca. 200 g
durchwachsener
Räucherspeck,
15 Wacholder-
beeren, schwarze
Pfefferkörner*

*2 kg Wirsingkohl,
3 TL Karottenwür-
fel, 1¹/2 TL Schalot-
ten, ¹/2 Zitrone,
¹/2 Becher Sahne,
Salz, Pfeffer, Crème
fraîche, 1 EL Peter-
silie*

In einem Menu wie diesem reicht ein halber Vogel pro Person (ohne Vorgerichte ist jedoch die doppelte Menge angebracht). Ich wickele die Vögel in stark geräucherten,
durchwachsenen Bauchspeck ein, den ich mir vom Metzger in sehr dünne Scheiben oder
Streifen habe schneiden lassen. Zuerst aber zermörsere ich pro Perlhuhn 5 Wacholderbeeren und 8 schwarze Pfefferkörner und massiere sie den Vögeln in die Haut, so gut es
geht. Dann salze ich sie und bandagiere sie mit dem Speck, daß sie aussehen wie ägypti-
sche Mumien. Den Speck binde ich mit einem Metzgerzwirn fest.

Ich bereite den Wirsing vor: Die Blätter von den Strünken ab- und in Stücke reißen,
ungefähr so groß wie Siegfrieds Lindenblatt. Waschen. In kräftig gesalzenem, stark kochendem Wasser 2 Minuten blanchieren. In kaltem Wasser abschrecken. Abtropfen lassen. In einem Schmortopf Butter heiß werden lassen und darin die umwickelten Perlhühner gründlich anbraten, dabei immer wieder herumdrehen. Der Speck sollte bei diesem Prozeß dünn und durchsichtig werden, so gibt er sein Aroma besser ab. Während
des Anbratens streue ich pro Perlhuhn 1 TL sehr kleingehackte Karotten und ¹/2 TL
ebenso feingehackte Schalotten in den Topf. Butter und Schalotten dürfen nicht braun
werden. Schließlich schichte ich den abgetropften und ausgedrückten Wirsing über und
um die Perlhühner herum, salze eventuell noch nach, drücke eine halbe Zitrone über
dem Ganzen aus und gebe (bei 3 Vögeln) einen halben Becher Sahne dazu. Deckel drauf
und in den sehr heißen Ofen schieben. Sobald das Gemüse schmurgelt, die Hitze auf
200° reduzieren und 40 Minuten schmoren lassen. Das ist eine lange Zeit für so kleine
Vögel, aber sowohl der Speck als auch die feuchten Wirsingblätter mildern die Hitzeeinwirkung erheblich.

Über die Menge des Wirsings läßt sich nur sagen, daß der Kohl, wenn er erst blanchiert und dann geschmort wird, sein Volumen extrem verringert. Was zunächst aussieht wie Wirsing für drei Tage, reicht hinterher gerade für drei Esser. Außerdem kann
übriggebliebener Wirsing am nächsten Tag aufgewärmt werden. Nach 40 Minuten im
Ofen ist der Wirsing weich.

Ich nehme den Bräter heraus und prüfe durch einen Einschnitt an den Schenkeln, wie
es um die Perlhühner steht (den Speck habe ich abgewickelt und weggeworfen). Wenn
nötig, schiebe ich sie noch einmal allein und offen in den Ofen, während ich den Wirsing vollende. Der hat mit großer Wahrscheinlichkeit zu viel Flüssigkeit unter sich ange-
sammelt. Also setze ich den Schmortopf ohne Deckel auf den Herd und reduziere. Das
gibt mir eine letzte Möglichkeit abzuschmecken: mit Zitronensaft, Salz, Pfeffer, Crème
fraîche. Ein EL gehackte Petersilie ist immer gut. Ich brauche nur wenig Schmorsaft, da
eine weitere Beilage nicht vorgesehen ist (im Zweifelsfall würde ich hier Kartoffelpüree
servieren). Die Perlhühner werden jetzt der Länge nach halbiert und auf den Tellern, auf
dem Wirsing, nicht daneben, angerichtet.

Nach der gleichen Methode lassen sich auch Rebhühner zubereiten. Die gibt es allerdings nicht überall zu kaufen. Sie sind so wenig wild aufgewachsen wie Perlhühner;
trotzdem sollten Sie zugreifen, wenn Sie die Vögel irgendwo im Angebot finden.

HONIGQUARKSOUFFLÉ MIT ZITRONE

**Für
6 Personen:**

*250 g Schichtkäse,
1 Zitrone,
100 g Honig,
100 g Wasser,
3 Eiweiß, 1 Prise
Salz, Zucker,
Puderzucker
(evtl. 6 TL Rosinen
in Rum)*

Vor einem Soufflé fürchten sich die meisten, weil es so empfindlich ist und leicht zusammenfällt. Deshalb gibt es heute ein Soufflé, das garantiert zusammenfällt: das liegt an der Masse. Die besteht aus Schichtkäse; andere Sorten sind zu feucht, da geht gar nix. Den Schichtkäse durch ein Sieb drücken. 1 Zitrone. Von der Zitrone schäle ich die Schale ohne das weiße Futter so dünn ab, daß sie fast durchsichtig ist. Diese Schalenstreifen zerlege ich wiederum in lange, nur 1 mm dicke Fäden. Dafür gibt es in Haushaltsgeschäften Spezialmesser (»Zestenschneider«), es geht aber auch mit einem sehr scharfen Messer. Die Fäden werden 2 Minuten in kochendem Wasser blanchiert. Abtropfen lassen.

Nun koche ich aus dem Honig (keinen Waldhonig) und dem Wasser einen Sirup, gebe die Fäden hinein und lasse erkalten. Sollte der Sirup karamelartig hart geworden sein, muß ich ihn noch einmal mit wenig Wasser aufkochen und wieder abkühlen lassen. Den Saft der Zitrone und den Sirup mit den Zitronenfäden mische ich unter den Quark. Für jede Portion lege ich drei besonders lange Fäden beiseite.

Die Eiweiß werden mit einer Prise Salz sehr fest geschlagen. Ich buttere 6 Portionsförmchen von 9 cm Durchmesser und streue sie innen mit Zucker aus. Das Eiweiß wird vorsichtig unter den Quark gehoben und die Masse in die Förmchen gefüllt, welche nur 2/3 voll sein dürfen (etwas geht das Ganze nämlich doch auf!). Obendrauf die drei Dekorationsfäden. Im sehr heißen Ofen im oberen Drittel 20 Minuten backen lassen, bis die Oberfläche hellbraun geworden ist. Herausnehmen, mit Puderzucker bestreuen und servieren: Das ist saftig und leicht.

Wer es süßer mag und nichts gegen einen Schnaps hat, weicht pro Portion 1 TL Rosinen in Rum ein und vermischt sie mit der jeweiligen Portion – vor dem Backen natürlich.

DIE WEINE

Den Roquefortkartoffeln ist nicht jeder Wein gewachsen. Ein Vin jaune aus dem Jura würde mit ihnen fertig, ebenfalls ein trockener, leichter Gewürztraminer. Ich rate jedoch zu einem reinen Syrah wie der von der Domaine Saint-Jean in Villecroze (Provence).

Zum zarten Fisch ein ebenso zarter Riesling, nämlich die trockene Auslese 1989 vom Weingut Kartäuserhofberg in Trier-Eitelsbach.

Das Perlhuhn bekommt, weil es auf Wirsing liegt, einen roten Burgunder als Begleiter, den 1986er Clos de la Roche von Armand Rousseau.

Und das feine Soufflé braucht eine ebenso feine Riesling-Auslese mit natürlichem Restzucker, wie ihn das Weingut Joh. Jos. Prüm in Wehlen an der Mosel herstellt.

Menü 12

Nudelteller
mit Pilz-Paprika

Suppe von
Teltower Rübchen
mit Dill und Kaviar

Rumpsteak
im Senfmantel
mit Karotten

Gewürzter
Weihnachts-
kuchen

Nudelteller mit Pilz-Paprika. Teltower Rübchensuppe, Rumpsteak im Senfmantel und gewürzter Weihnachtskuchen – das klingt nicht sonderlich festlich, derartige Leckereien stehen bei den Bundesbürgern häufig auf dem Tisch. Nudeln immer; denn Nudeln und Deutsche, das ist wie Pommes frites und Belgier, wie Matrosen und Rum. Die Nudeln hier unterscheiden sich hauptsächlich in der Portion von der üblichen Spaghetti-schlacht. Und in der Sauce, die ein Gemüse ist. Die Rübensuppe könnte auch in einer Dokumentation über den Dreißigjährigen Krieg erscheinen – bis auf eine dekorative Kleinigkeit. Und das Rumpsteak? Ich gebe zu, kein originelles Hauptgericht. Aber wenn es dann auf dem Tisch steht, leckt sich die Familie die Finger! Das macht die Sauce, die ist dann doch nicht alltäglich, sondern von eindrucksvoller Prächtigkeit. Nur beim Dessert – weihnachtet es ein bißchen.

NUDELTELLER MIT PILZ-PAPRIKA

Für 6 Personen:

125 g Eierschnitt-nudeln oder Capelli d'Angelo (Nudelnester), 20 g Judas-ohren (getrocknete schwarze chinesische Pilze), 1/2 l kräftige Fleischbrühe, 1 rote Paprika, geschmacksneutrales Pflanzenöl, 1 Zitrone, 1 Prise Safranpulver, 200 g weißer Schafskäse, schwarzer Pfeffer, Butter

Die Nudeln sollten relativ kurz sein, eventuell müssen sie vor dem Kochen gebrochen werden, damit auf den Tellern kein unfestliches Chaos entsteht. Die Brühe, die bei diesem Menü mehrfach gebraucht wird, muß so stark konzentriert sein, daß sie über Nacht im Kühlschrank steif wie Wackelpudding wird, außerdem ungesalzen und entfettet. Der Schafskäse ist der in Blöcken aus Bulgarien oder Griechenland.

Das Rezept ist für 6 Personen gedacht, weil 1 Paprika für 4 Portionen zu groß ist und die Pilze nicht in kleineren Mengen zu kaufen sind. Sie werden einige Minuten in kaltes Wasser gelegt, bis sie weich sind. Dann gründlich waschen und in sauberem Wasser 20 Minuten quellen lassen. Ausdrücken und mit dem Kochmesser kleinhacken, bis sie eine manierliche Gabelgröße haben.

Den Schafskäse zerbröseln oder mit dem Messer in kleine Bröckchen zerteilen.

Die Paprika säubern und in sehr feine Streifen schneiden, diese wiederum in kleine Stückchen hacken, nicht größer als eine grob gehackte Zwiebel. In einer Sauteuse (Stielpfanne mit hohem, schrägen Rand) etwas Öl heiß werden lassen und die Paprika darin leicht anbraten. 1 Suppenkelle Brühe dazugeben, darin die Prise Safran auflösen. Leicht salzen. Zugedeckt etwa 10 Minuten garen lassen; die Paprikawürfel sollen nicht butterweich sein, sondern noch etwas Biß haben.

Die Nudeln in Salzwasser gar kochen.

In einer flachen Pfanne die feuchten Pilze trockenbraten. Öl dazugeben, salzen und mit Zitronensaft beträufeln. Unter ständigem Rühren sind die Pilze in wenigen Minuten gar; auch sie sollten nicht ganz weich sein. Dann mit der Paprika in der Sauteuse vermischen und abschmecken. Also etwas Pfeffer aus der Mühle, vielleicht noch etwas Salz und sicherlich noch etwas Zitronensaft, denn der soll dem Gemüse eine deutlich säuerlich-frische Note geben. Was die Konsistenz dieses Pilz-Paprika-Gemüses angeht, so soll es naß sein, aber nicht suppig. Darunter mische ich jetzt auch die Käsebröckchen. Es sieht sehr appetitlich aus: schwarz-weiß-rot-kulinarisch. Noch einmal kurz erhitzen.

Die abgetropften, heißen Nudeln werden auf den Tellern angerichtet und mit einem Stück Butter vermengt. In die Nudelmitte setze ich einen gehäuften EL von dem Pilzgemüse. Für die Erwachsenen stelle ich ein Schüsselchen schwarzen Pfeffer auf den Tisch, den ich erst in der letzten Minute grob gemörsert habe. (Weil Nudeln ohne Pfeffer wie Champagner ohne Kohlensäure sind.)

SUPPE VON TELTOWER RÜBCHEN MIT DILL UND KAVIAR

Für
4 Personen:

*1 kg Teltower Rüb-
chen mittlerer Grö-
ße, d.h. so groß wie
eine Kinderfaust,
2 große Sträußchen
Dill, 1¹/₂ l klare,
kräftige Fleisch-
brühe (Ochsen-
schwanz- oder Rin-
derfleischbrühe),
ungesalzen und
entfettet,
2 EL Crème fraîche,
Saft von 1 Zitrone,
4 TL Kaviar*

Teltower Rübchen sind das ostdeutsche Pendant zu den französischen Navets. Im Gegensatz zu den länglichen, weiß-violetten Welschrüben, sind die Brandenburger orangefar-
ben und rund.

Die Rübchen schälen und würfeln. Mehr als 600 g werden danach nicht übriggeblie-
ben sein; das reicht für 4 bis 6 Portionen. Die Würfel mit der Brühe zum Kochen bringen und zugedeckt ca. 25 Minuten garen, bis sie weich sind. Mit dem Mixstab zerquirlen,
so daß die Suppe eine sämige Konsistenz bekommt. Ist sie zu dünn, einkochen lassen.
Mit Salz und Cayennepfeffer abschmecken. Den Dill kleinhacken, in die Suppe geben,
danach den Zitronensaft. Die Suppe schmeckt jetzt deutlich nach Dill, und auch der Zitronensaft sollte unverkennbar sein; andernfalls weiteren Zitronensaft dazugeben. Heiß
in Suppentassen oder -teller füllen. Auf jede Portion einen Klacks Crème fraîche geben
und darauf einen TL Kaviar dekorieren.

Ich möchte darauf hinweisen, daß hier, wo weder Butter noch Sahne zu Hilfe genommen wurde, alles davon abhängt, wie abgeschmeckt wird. Die Rübchen brauchen unbedingt die Aufmunterung durch Zitrone, damit sie ihre süße Muffigkeit verlieren; der
Dill bringt eine appetitanregende Frische ins Ganze, während der dekorative Kaviar nur
für wenige Sekunden zur Geltung kommt. Eine kleine Suppe – aber oho!

RUMPSTEAK IM SENFMANTEL MIT KAROTTEN

**Für
4 Personen:**

*800 g Rumpsteak,
250 g Butter,
200 g scharfer, körniger Senf*

*600 g Karotten;
Zucker, Butter,
Brühe*

Ein Stück Rumpsteak von 800 g reicht für 4 bis 5 Personen. Da es kein deutscher Metzger über sich bringt, nur das pure Fleisch auf die Waage zu legen, wird es nicht sauber pariert sein. Die restlichen Hautfetzen oder Fettstücke schneide ich deshalb zu Hause ab. Aber auch das schönste Fleisch nützt nichts, wenn es ein frisch geschlachtetes Rind war, das bleibt zäh und faserig. Deshalb muß der Metzger beim Leben seiner Mutter schwören, daß das Rumpsteak mindestens zwei Wochen abgehangen ist; andernfalls brate ich eine Ente.

800 g Rumpsteak, das ist ein relativ flaches, fast quadratisches Stück Fleisch. Ich bestreiche es von allen sechs Seiten dick mit dem Senf, bis er aufgebraucht ist und lasse es eine Stunde ruhen. (Die Körner im Senf sind logischerweise Senfkörner; zur Not könnte man die Mischung selbst herstellen.) Sonst kein Salz, kein Pfeffer! In den auf 220° vorgeheizten Backofen stelle ich eine offene Bratform, die nicht wesentlich größer sein darf als das Fleisch. Da hinein lege ich die Butter. Jawohl, das komplette halbe Pfund! Aber keine Angst, gegessen wird davon nur die Hälfte, der Rest fängt als Butterschmalz ein neues Leben an.

Die Butter schmilzt, wird heiß, beginnt zu kochen. Jetzt hebe ich das Fleisch mit einem breiten Pfannenmesser von seiner Unterlage (möglichst wenig Senf zurücklassen!) und lege es in die heiße Butter. Ofen zu. Nach 12 Minuten löffele ich die flüssige Butter über das Fleisch und reduziere die Temperatur auf 85°. Da das nicht schlagartig geht, lasse ich die Ofentür offen, bis mir der Thermostat die richtige Temperatur anzeigt. Tür zu und das Fleisch eine knappe Stunde ruhen lassen. Während dieser Phase entspannen sich die Muskeln, die Säfte verteilen sich. Wenn ich mit der Gabel auf das Fleisch drücke, gibt es ein wenig nach. Ist es noch sehr weich, wird es innen noch ziemlich dunkelrosa sein (nicht mein Geschmack); gibt es aber gar nicht mehr nach – au weia, dann war die Heißphase zu lang, und das Rumpsteak ist durchgebraten. Das sollte nicht passieren, also aufpassen.

Bei Ende der Garzeit nehme ich die Bratform aus dem Ofen, hebe das Fleisch heraus und lege es auf die vorgewärmte Platte, mit der ich es nach wenigen Minuten auf den Tisch bringe.

Die Sauce, die sich in der Bratform gebildet hat aus der vielen Butter, den abgerutschten Senfkörnern und etwas Fleischsaft, ist praktisch fertig. Mehr als ein Viertelliter wird es nicht sein, aber sie hat es in sich! Ich fülle sie in eine Sauciere und serviere. Da ich damit nur das Fleisch ein wenig anfeuchte, wird ungefähr die Hälfte übrigbleiben. Die kommt in den Kühlschrank. Am anderen Tag liegt eine feste Schicht Butterschmalz auf einem wunderbaren Saucenextrakt zur weiteren Verwendung.

Die passende Beilage (wie bei allen Saucen mit einem säuerlich-scharfen Charakter) sind glacierte Karotten. Deren Herstellung habe ich auf Seite 34 schon beschrieben, deshalb zur Erinnerung nur dies: Die kleingeschnittenen Karotten in Butter andünsten, mit Brühe knapp bedecken, leicht salzen und 1½ TL Zucker dazugeben. Zugedeckt 10 bis 15 Minuten garen lassen. Deckel abnehmen und die Flüssigkeit einkochen lasen, bis die Karotten mit einem feinen Film überzogen (glaciert) sind. Mit gehackter Petersilie bestreuen.

Eine weitere Beilage gibt es nicht. Es sei denn, jemand läßt den ersten Gang ausfallen und serviert von der Suppe nur ein kleines Täßchen. Dann braucht es, um satt zu werden, noch Kartoffeln zum Fleisch. Und zwar Kartoffelpüree! Hier paßt die Version aus festkochenden, elektrisch verquirlten Kartoffeln mit Olivenöl.

GEWÜRZTER WEIHNACHTSKUCHEN

250 g Mehl, 200 g Butter, 180 g Zukker, 4 frische Eier, 1 Päckchen Vanillezucker, 1 abgeriebene Zitronenschale, 40 g gestiftelte Mandeln, 60 g Sultaninen, 20 g Lebkuchengewürz, 20 g geriebene Edelbitter-Schokolade, 2 EL Sahne, 1/2 TL Backpulver, 1 Prise Salz

Die Butter im Wasserbad cremig, aber nicht flüssig werden lassen. Aus dem Wasser nehmen, schaumig rühren. Zucker und Vanillezucker hinzufügen, nochmals gründlich rühren. Die auf Zimmertemperatur gebrachten Eier eins nach dem anderen hineinquirlen. Mehl, Salz und Backpulver vermischen und nach und nach in den Teig sieben und glattrühren. Je länger der Teig gerührt wird, um so lockerer wird hinterher der Kuchen!

Den Teig auf zwei Schüsseln verteilen. In die eine Schüssel die abgeriebene Zitronenschale und die Mandeln einrühren; in die zweite das Lebkuchengewürz, die Schokolade, die Sultaninen und die Sahne.

Eine Gugelhupfform (Napfkuchen) von 24 cm Durchmesser gut ausbuttern. Die Teige schichtweise einfüllen: zuerst eine Schicht helle Teigmasse, glattstreichen, dann den braunen Teig, dann wieder eine helle Schicht. Bei 180° in der Mitte des Backofens 45 Minuten backen. Zehn Minuten später auf eine Unterlage stürzen. Auskühlen lassen. Wenn ich den Kuchen anschneide, sieht er aus wie ein Marmorkuchen der herkömmlichen Sorte. Doch nichts trifft weniger zu: Vor mir steht ein edler Teekuchen, ein weihnachtlich inspiriertes, aber ganzjährig delikates Backwerk – fait à la maison!

DIE WEINE

Zu Nudeln ist ein Sauvignon blanc nie falsch. Also öffne ich einen Sancerre, zum Beispiel den 1992er »Les Grands Genevrières« von P. Girault. Den kann man zur Suppe weitertrinken, obwohl das gegen die Regel ist.

Dafür kann es zum Fleisch ein 1986er Chambolle-Musigny sein; das Weingut Comte de Vogüe ist darauf spezialisiert.

Zum Kuchen dann ein voller, nicht zu schwacher Gewürztraminer: ein 1985er Vendanges Tardives (Spätlese) von Madame Colette Faller in Kaysersberg im Elsaß.

Menü 13

Heringssalat
mit Nüssen

Lauch-
Kartoffelsuppe
mit Trüffeln

Rehrücken
à la
Oma Kempchen

Topfenknödel
mit Zwetschgen-
Portweinsauce

Dieses Weihnachtsmenu steht unter dem Motto: Was zusammenpaßt wird auch zusammen gegessen.

Der erste Gang ist den östlichen Landesteilen gewidmet, der zweite trägt eindeutig westliche Züge, während das Hauptgericht, der klassische Rehrücken, so gesamtdeutsch und so konservativ ist, wie es dem Zeitgeist entspricht. Um aber die verschiedenen deutschen Dialekte zu Wort kommen zu lassen, schlage ich als Beilage wahlweise vor: Thüringer Klöße; Hamburger Kartoffelpüree; Stuttgarter Spätzle. (Die Münchner sind jetzt in ihren toskanischen Ferienhäusern und essen Spaghetti.) Unsere österreichischen Gastarbeiter in den Chefetagen der Verlage und Verbände sollen sich aber nicht als Deutschsprachige dritter Klasse fühlen. Deshalb habe ich ihnen die Süßspeise gewidmet; Topfennockerln wie aus dem Salzkammergut.

Zunächst eine traditionelle Vorspeise, die Dieter Biesler, der Patron der »Burgschänke« auf Schloß Johannisberg, aus seiner ostelbischen Kindheit herübergerettet hat.

HERINGSSALAT MIT NÜSSEN

**Für
4 Personen:**

*4 Heringsfilets,
150 g Kalbfleisch,
100 g Rote Bete,
12 Walnußkerne,
1 Apfel, 1 Gewürzgurke, 2 Pellkartoffeln, 1/2 Tasse Mayonnaise*

Zum Kalbfleisch ist zu sagen, daß es mager sein sollte, aber kein Schnitzel, also am besten Brust oder Schulter. In kochendes Salzwasser legen und ganz leise ziehen lassen. Ein rundes, kompaktes Stück braucht ungefähr vierzig Minuten, ein längliches, flaches ist bereits nach zwanzig Minuten gar.

Die Pellkartoffeln in mundgerechte Würfel schneiden. Die Rote Bete wird nicht aus dem Glas gefischt (!), sondern als Knolle frisch auf dem Markt gekauft. Ungeschält in Wasser kochen, bis sie durch und durch gar ist, was ca. 45 Minuten dauert. Dann schälen und in kleine Würfel schneiden. Die Nüsse hacken. Auch die Gurke, der geschälte Apfel und das Kalbfleisch werden in kleine Würfel geschnitten. Die Heringsfilets wasche ich und ziehe ihnen die Haut ab. Ebenfalls in Stücke schneiden. Alles vermischen. Mit Salz und Pfeffer (weiß, aus der Mühle) würzen und die Mayonnaise unterziehen. Diese selber machen! Mit dem Elektroquirl ist das überhaupt kein Problem. Es werden 1 ganzes Ei, 1 kleine Tasse Olivenöl, 1/2 TL Senf, der Saft von 1/2 Zitrone, Salz, Cayennepulver und 1 Prise Zucker einmal gründlich durchgequirlt. Dann 3 EL steif geschlagene Sahne unterziehen, das macht die Mayonnaise leichter. (Aber so geht's auch: 150 g Crème fraîche mit 1 EL Tubenmayonnaise und Zitronensaft verrühren: fertig.)

LAUCH-KARTOFFELSUPPE MIT TRÜFFELN

**Für
4 Personen:**

*4 mittelgroße, fest-
kochende Kartof-
feln, 2 Stangen
Lauch, ca. 1 l
Bouillon, Butter,
Olivenöl, Salz,
schwarzer Pfeffer,
Trüffel(n)*

Der zweite Gang ist eine Suppe. Suppen sind im deutschen Sprachgebrauch sprichwört-
lich geworden und in der Küche beliebt, weil sie billig sind und wenig Mühe machen.
Hier eine Version des Westens, was an der abschließenden, luxuriösen Zutat erkennbar
ist: Trüffel.

Kartoffeln schälen und würfeln. Lauch waschen und in Ringe schneiden. In einem
Topf mit schwerem Boden etwas Butter und Olivenöl erhitzen und darin die feuchten
Gemüse angehen lassen. Salzen. Dann mit Bouillon aufgießen. Woher Sie die Bouillon
nehmen – ich schau nicht hin. Bei mir ist es frische Hühnerbrühe, die ich oft vorrätig
habe. Eine entfettete Rinderbrühe geht auch.

Kartoffeln und Lauch garen. Mit dem Elektroquirl einmal kurz in den Topf, damit ein
kleiner Teil der Gemüse sämig wird. Salzen. Mit grob geschrotetem schwarzen Pfeffer abschmecken. Ob schwarz oder weiß ist beim Trüffelpilz – im Gegensatz zum Pfeffer –
egal. Es ist eine Geldfrage. Die weißen sind teurer. Gut schmecken sie beide. Für 4 Personen sollte der Edelpilz schon so groß sein wie ein Pingpongball. Ich habe ihn gründlich
gebürstet, gewaschen und getrocknet und hobele über der fertigen Suppe dünne Scheiben in den Topf.

Ach ja: der Trüffelhobel! Der sollte in keiner besseren Küche fehlen. Nicht wegen dieser einen Gelegenheit, sondern weil es nichts Besseres gibt, um den geliebten Knoblauch
mühelos in hauchdünne Scheiben zu hobeln, welche, unter Salat gemischt oder auf Oli-
venöl-Toastbrot auch die Familie Dracula zum Knoblauch bekehren können.

Also die Trüffeln (ja, es dürfen auch mehrere sein) roh in die heiße Suppe hobeln. Einmal durchrühren. Deckel drauf und an den Tisch bringen. Effektvoller, aber auch zeit-
raubender ist es, wenn Sie am Tisch jedem Esser die Trüffel direkt in den Teller hobeln.

REHRÜCKEN À LA OMA KEMPCHEN

Für 4 – 5 Personen:

Rehrücken, nicht ausgebeint

Marinade:
1–3 Flaschen Rotwein, 1 große Zwiebel, 1 Karotte, 1 Petersilienwurzel, 1 Lorbeerblatt, 1 EL Pfefferkörner, 1 EL Wacholderbeeren

ca. 1,7 kg Rotkohl, 2 Gläser Rotwein, 1 Glas Rotweinessig, Salz, 1 Cayenneschote, frischer Ingwer, 1 TL Honig, 1 Apfel, 1 Lorbeerblatt, Nelkenpulver, (Butter)

150 g Frühstücksspeck (Fleischextrakt, Butter)

Ihr Rezept klingt so richtig nach dem Förster aus dem dunklen Tann. Mit der Nouvelle cuisine hat es nicht das geringste zu tun. Es ist die Uralt-Küche, an die schon Heine in seinen schlaflosen Nächten gedacht haben wird. Der Rücken wird eine Woche lang am Knochen in Rotwein mariniert. Da das Fleisch vollkommen bedeckt sein muß, kostet das, wenn der Topf nicht die genau passende Größe hat, bis zu drei Flaschen des Rotspons, den Sie sich aus Südfrankreich mitgebracht haben. Ansonsten kommt in die Marinade nur das übliche Gemüse: Zwiebel in Scheiben; Karotte in Scheiben; Petersilienwurzel halbiert; Lorbeerblatt; Pfefferkörner; Wacholderbeeren.

Zum Rehrücken gibt es traditionsgemäß Rotkohl und, natürlich, die eingangs angeführten Beilagen. Die Rezepte für Spätzle und Konsorten erspare ich mir. Aber zum Rotkohl ist ein Wort zu sagen. Ich weiß, daß für den größten Teil der Deutschen der Rotkohl etwas ist, das sich in einer Blechdose befindet und in Null Komma nichts aufgewärmt wird. Doch wie die römischen Mammas am Feiertag die Fettucine selber machen, so wollen wir es heute mit dem Rotkohl halten. Das macht allerdings Arbeit.

Ich brauche (wieder für 4 Personen) 1 Kilo geschnittenen Rotkohl. Das bedeutet, daß ich einen Kopf von ca. 1,7 Kilo kaufe. Der wird halbiert. Den Strunk herausschneiden und die äußeren Blätter weg. Nun auf dem Gemüsehobel so fein wie möglich hobeln. Den feuchten Kohl in einen großen Topf geben, mit Rotwein und Rotweinessig bester Qualität aufsetzen, zum Köcheln bringen. Salzen. Dazu: die zerriebene Cayenneschote; 3 fünfmarkstückgroße Scheiben frischen Ingwer; den Honig, den in Stücke geschnittenen Apfel; das Lorbeerblatt; etwas Nelkenpulver. Zugedeckt garen lassen – ca. 1½ Stunden. Abschmecken. Ingwer und Lorbeer rausfischen. Wer will, kann abschließend 1 EL Butter unterrühren. Bei dieser Version des roten Kohls finde ich das aber nicht nötig.

Der Rehrücken wird nicht gebraten, sondern geschmort. Weil er schon seit einer Woche am Knochen in der Marinade liegt (im Kühlschrank oder auf dem winterlichen Balkon), entwickelt er jenen deftigen Wildgeschmack, den die Kinder von Kiwi und Missoni nur vom Hörensagen kennen. Kann sein, daß unsere Müslifreunde den nicht mögen. Aber Bismarck, da gehe ich jede Wette ein, hat Reh nur so gegessen.

Ich heize den Backofen vor und lege einen Bräter mit Frühstücksspeck aus. In den Ofen schieben. Zehn Minuten später den Rehrücken mit Küchenkrepp abtrocknen und mit dem Knochen nach unten in den Bräter legen. 15 Minuten bei starker Hitze braten, dann salzen. Aus der Marinade fische ich das Gemüse heraus und lege es zum Fleisch. Dazu gieße ich so viel Marinade, daß der Rücken in einem Drittel in Flüssigkeit liegt. Zum Köcheln bringen, Deckel drauf und die Temperatur auf 180 Grand herunterschalten. Nach einer knappen Stunde drehe ich den Rücken auf die Fleischseite und reduziere die Hitze auf knapp 100°. Weiterschmoren. Insgesamt verbringt der Rehrücken 2½ Stunden im Backofen.

Es zieht ein ungeheurer Duft durchs Haus. Dieser wird verstärkt, da ich jetzt die restliche Marinade in einem großen, flachen Topf auf den Herd setze und sie einkochen lasse, bis kaum ein halber Liter mehr übrig ist. Sorgfältig durchsieben und in einer kleinen Sauteuse bereithalten; daraus wird die Sauce gemacht. Das geschieht, wenn das Fleisch so weich geworden ist, daß es sich mühelos mit einem Löffel vom Knochen lösen läßt. Es sieht sehr dunkel aus und riecht auch so. Ich gieße den Schmorsaft durch ein Haarsieb in die Sauteuse mit der reduzierten Marinade und lasse alles zusammen noch einmal bei großer Hitze einkochen. Die so entstehende Sauce hat einen sehr intensiven Geschmack: So hat Wild in der deutschen Vergangenheit immer geschmeckt! Das Fleisch

134

habe ich während dieser Phase warm gestellt. Es wird kurz vor dem Servieren vollständig vom Knochen gelöst und in Portionsstücke zerlegt.

Die Sauce ist zwar stark, aber dünn. Mir macht das nichts aus. Wer sie gern sämig hat (wegen der Spätzle, vermute ich), kann entweder konzentrierten Fleischextrakt (Glace) hinzufügen (gibt es auch fertig zu kaufen) oder mehrere Stücke eiskalter Butter mit dem Schneebesen einmontieren. Von Sahne rate ich ab; sie verschandelt die Farbe der Sauce und schwächt ihren Geschmack.

TOPFENKNÖDEL

(wie sie mein badischer Lieblingskoch, Hans-Paul Steiner vom »Hirschen« in Sulzburg, macht)

1 Toastbrot von 500 g, 100 g Butter, 5 EL Zucker, 1 Vanillestange, 4 Eier, 375 g Magerquark, 1 Zitrone, Zimt, 1 Tüte Dörrpflaumen, Portwein, Nelkenpulver, Salz, Zwieback

Zuerst entrinde ich das Toastbrot und mahle das Innere mit einem Mixer. Die Brösel breite ich auf Pergamentpapier aus und lege dies an eine warme Stelle, damit sie trocken werden. Sodann rühre ich die Butter mit 3 EL Zucker und dem Mark der Vanillestange schaumig. 1 Prise Salz dazu. Dahinein werden der Quark (Magerstufe) sowie die ganzen Eier und ½ abgeriebene Zitronenschale verrührt. Nun hebe ich mit einem Holzlöffel behutsam die getrockneten Toastbrösel in die Masse und lasse diese mindestens 1 Stunde bei Zimmertemperatur ruhen. Aus der Masse kleine Klößchen formen und in kochendem Wasser garen. Auf Küchenkrepp ablegen und wälzen in: einer Handvoll gemahlenen Zwieback, verrührt mit 1 TL Zimt und 2 EL Zucker. Quarkknödel müssen heiß serviert werden. Man kann sie also nicht vorbereiten.

Eine Zwetschgensauce wie diese ist zwar nicht original österreichisch, aber mir schmeckt sie dazu ganz hervorragend: Dörrpflaumen in Portwein einweichen, entkernen, mit Zimt, Nelkenpulver und etwas Zitronensaft kochen lassen, bis die Pflaumen zu einem dünnen Brei werden. Nach Geschmack zuckern.

DIE WEINE

Zu Hering wird Bier getrunken, kein Wein.

Aber zur Suppe, weil Trüffeln drin sind, empfehle ich einen weißten Hermitage, den 1990er Hermitage blanc von J.-L. Chave in Mauves (Rhône).

Einen der besten italienischen Rotweine aus der Toskana, denn 1989er Ornellaia von Marchese L. Antinori spendiere ich mir zum Rehrücken; und auch zum Dessert soll es etwas Edles sein: 1990er Brauneberger Juffer, Riesling-Auslese mit feiner Süße, von Fritz Haag in Brauneberg an der Mosel.

Menü 14

Wachtel-
spiegeleier
auf Tomatentoast

Jakobsmuscheln
auf Chicorée

Rehrücken à la
Pichelstein

Thymian-
Apfelkompott

Vorstellen könnte ich mir ein Weihnachtsmenü, das mit einem Korb Austern beginnt und mit einer Käseplatte endet, welche auf jeden Fall Roquefort oder Stilton enthalten müßte, damit abschließend ein Portwein getrunken werden kann. Was dazwischen gegessen wird, wäre mir ziemlich egal. Eine Linsensuppe vielleicht oder ein Bohneneintopf. Das aber entspräche nicht der Tradition, die Gans oder Ente verlangt, mindestens aber ein Stück vom Reh.

So soll's denn auch diesmal sein: ein Rehrücken als Mittelpunkt. Allerdings in einer unorthodoxen Zubereitung, deren arbeitsintensiver Teil sich in Ruhe vorbereiten läßt, während der Garprozeß nicht mehr als 15 Minuten in Anspruch nimmt. Vorher gibt es eine kleine Portion Jakobsmuscheln auf Chicorée, und zum Appetitmachen Wachtelspiegeleier auf Tomatentoast. Den Abschluß bildet ein bürgerliches Apfelkompott mit exotischem Aroma.

WACHTELSPIEGELEIER AUF TOMATENTOAST

Für
4 Personen:

*8 Scheiben Graubrot, salzige Butter,
4 Tomaten, Olivenöl, Salz, Pfeffer,
1 Knoblauchzehe,
8 Wachteleier*

Wachteleier sind sehr klein und wegen ihrer zähen Innenhaut schwierig aufzuschlagen. Ich benutze dazu ein Messer. Zum Toasten nehme ich kein Weiß-, sondern ein Graubrot, schneide es in entrindete, runde Scheiben von 5 cm Durchmesser, welche auch nicht getoastet, sondern in salziger Butter leicht angebraten werden. Darauf streiche ich eine Schicht vom vorbereiteten Tomatenpüree: Tomaten enthäuten, entkernen und in kleine Stücke schneiden. In etwas Olivenöl gar dünsten, dabei salzen, pfeffern und eine Knoblauchzehe hineindrücken. Die Wachteleier (pro Person nur 2 Stück) fange ich zunächst in einem tiefen Teller auf; erst wenn sie alle ohne Schale sind, lasse ich sie in die Pfanne gleiten und in Butter braten. Sie werden auf die Tomatenbrote plaziert und warm serviert.

JAKOBSMUSCHELN AUF CHICORÉE

Für
4 Personen:

8 frische Jakobsmuscheln, 3 Chicorée, Zitronensaft, Butter, Salz, Pfeffer

Jakobsmuscheln gibt es fast nur ausgelöst zu kaufen; ein kleiner Nachteil, aber kein Unglück. Allerdings sollten sie noch weiß sein, nicht bereits grau, was auf unzureichende Frische hinweist. Auch von ihnen brauche ich pro Person nicht mehr als 2 Stück. Sollte der Corail genannte orangefarbene Anhang noch dran sein, entferne ich ihn. Die Muscheln werden auf der untersten Schiene des sehr heißen Backofens auf einem nur schwach gefetteten Blech höchstens 4 Minuten gegart. Wehe, wenn sie zu lange drin bleiben und hart werden! Ich plaziere sie mit der leicht angebräunten Unterseite nach oben auf den vorbereiteten Chicorée und salze erst jetzt; auch eine Prise Pfeffer kommt drauf.

Aus den zarten Blättern (2 Chicorées reichen für 3 Portionen) habe ich dünne, ca. 6 cm lange Streifen geschnitten, welche ungefähr 5 Minuten in etwas Butter gar gedünstet werden. Salzen, den Saft einer halben Zitrone angießen und warm stellen.

Nun brauche ich nur noch etwas Zitronenbutter, nicht viel, 1 TL pro Portion. Die entsteht, indem ich den restlichen Zitronensaft mit etwas Wasser aufkoche, verschlage

und einige Stückchen Butter einmontiere; 1 Prise Salz, Pfeffer. Mit dieser Zitronenbutter werden die auf den Chicorées angerichteten Jakobsmuscheln begossen. Eine kleine Köstlichkeit das Ganze, und das Rezept verdanke ich Georges Blanc in Vonnas, einem der französischen Spitzenköche.

REHRÜCKEN À LA PICHELSTEIN

Für 4 Personen:

1 Reh(kitz)rücken, Karotten, Kartoffeln, Sellerie, Lauch, frische Steinpilze (oder Pfifferlinge; zur Not Champignons), Zitronensaft, 1 EL schwarze Pfefferkörner, 200 g Butter, 2 Lorbeerblätter, 1 EL Wacholderbeeren, Weißwein, Salz

Wenn der Rehrücken aus dem Papier gewickelt wird, wird's feierlich in unseren Küchen. Festlich und fürstlich ist er für die meisten; und so manche Hausfrau sieht zaghaft auf das längliche und blutige Fleisch hinab, auf dieses edelste und teuerste Stück vom Reh, das in einen Festtagsbraten zu verwandeln ihr aufgetragen ist. Wird sie es schaffen? Werden Applaus und Bewunderung ihre Arbeit krönen, oder wird herber Tadel sie im nächsten Jahr zur gewohnten Weihnachtsgans zurücktreiben?

Zugegebenermaßen ist es nicht schwer, das magere Fleisch in einen grauen und trockenen Braten zu verwandeln. Die Spick-Methode hilft da wenig, überdies hat sie andere Nachteile. Und dann: Wie kommt Geschmack ans Reh? Hier sehe ich die größte Schwierigkeit. Denn Eigengeschmack haben die Rehe merkwürdigerweise nicht oder nicht mehr, seit nämlich Wild nicht mehr wie früher längere Zeit abgehangen wird. Wir sind sie nicht mehr gewohnt, die kräftigen Aromen und den Hautgoût. Die allen modernen Produkten anhaftende Milde hat uns den Geschmack am Eindeutigen verdorben.

Ich halte das für einen Verlust. Ein Rehrücken ist mager und im besten Fall zart und saftig. Doch das ist ein Rinderfilet auch. Und dafür das Risiko des blamablen Mißlingens eingehen? Ich meine nein und empfehle deshalb, aus dem Rücken des Rehs einen Gemüsetopf zu machen. Kein deftiges, sondern ein feines und leichtgewichtiges Durcheinander, nichts Verkochtes und kein Gulasch. Akkuratesse beim Kochen ist unerläßlich, aber darüber hinaus ist's einfach, auch für Ungeübte.

Wie immer in der besseren Küche, kommt es auf die Qualität der Zutaten an. Der Rehrücken sollte möglichst von einem Kitz stammen, dann reicht er für 4 Personen und ist garantiert zart. Ein Rehrücken wird immer am Stück verkauft, also am Knochen. Ein gutwilliger Händler wird ihn mir auf Wunsch auslösen; hat er keine Zeit dazu, mache ich es zu Hause selbst.

Dazu brauche ich ein sehr scharfes Messer, mit dem ich zunächst die den Rücken bedeckende Haut entferne. Dann löse ich die beiden dicken Fleischstreifen von den Rippen, ebenso die auf deren Unterseite liegenden dünnen Filets. (Sie sind, trotz ihres Namens, nicht der beste Teil, weil zu dünn.) Alle Fleischteile schneide ich in mundgerechte Scheiben, ungefähr so groß wie ein Fünfmarkstück. Um es noch einmal zu sagen: Hätte Rehfleisch einen unverwechselbaren, kräftigen Eigengeschmack, würde ich es bestimmt nicht anders als intakten Braten servieren.

Die anderen Zutaten zum Gemüsetopf sind: Karotten, Kartoffeln, Sellerie, Lauch, Steinpilze. Die Mengen: eine große Tasse pro Person von den zurechtgeschnittenen Kartoffeln (unbedingt festkochende!), den Karotten und den Steinpilzen; vom Sellerie und vom Lauch etwas weniger. Zum Schneiden benutze ich einen Gemüsehobel, darauf werden die geschälten Kartoffeln und Karotten in hauchdünne (!) Scheiben gehobelt, welche ein wenig kleiner sein sollen als die Fleischstücke. Sellerie und Lauch werden mit der Hand ebenfalls in kleine Stücke geschnitten, die jedoch nicht so dünn sein müssen. Am dick-

sten dürfen die Steinpilze sein; aber zerschnitten werden auch sie. Sind keine auf dem Markt, nehme ich Pfifferlinge. Sogar frische Champignons wären möglich, obwohl das Aroma der Steinpilze sich natürlich nicht ersetzen läßt.

Vor mir auf dem Küchentisch stehen also Gefäße mit frisch gehobelten Kartoffeln und Karotten sowie Sellerie, den ich sofort mit Zitronensaft beträufele, damit er nicht braun wird, außerdem Lauch und die Pilze. In einem Mörser zerschrote ich die schwarzen Pfefferkörner und vermische sie mit dem Fleisch. Jetzt brauche ich einen sehr großen Bräter. Den stelle ich auf den heißen Herd und lasse darin die Butter heiß werden. Dahinein gebe ich die Lorbeerblätter, die zermörserten Wacholderbeeren sowie 1 TL Salz.

Nach einer knappen Minute schütte ich die noch feuchten Kartoffeln (sie haben im Wasser auf diesen Moment gewartet) und die Karotten in die heiße Butter, schwenke alles durcheinander, warte eine halbe Minute und füge Lauch, Sellerie und die Pilze hinzu. Wieder vermischen und drei Minuten warten. Während dieser Zeit könnte es notwendig sein, ein wenig zusätzliche Flüssigkeit anzugießen, dafür nehme ich Weißwein. Wichtig ist, daß die Gemüse nicht hoch übereinander liegen. Fehlt ein entsprechend großer Bräter, wird man diese Prozedur wohl oder übel in zwei Pfannen stattfinden lassen müssen.

Nach insgesamt 10 Minuten Garzeit schiebe ich das Gemüse auseinander und verschaffe mir etwas Platz für das Rehfleisch. Es wird leicht gesalzen und dazugegeben. Es geht hier nicht darum, daß es wie ein Rinderfilet eine braune Kruste kriegt, denn das ist bei der Feuchtigkeit des Gemüses nicht möglich und auch gar nicht beabsichtigt. Hier wird nichts gebraten, hier wird gedünstet; eine Methode, die ohnehin leichter und bekömmlicher ist als die übliche Braterei. Also alles gut durcheinanderschaufeln und mal kurz den Deckel auf den Bräter legen. Es versteht sich von selbst, daß während dieser Phase abgeschmeckt und das Gemüse auf seinen Garzustand überprüft wird. Es muß fast gar sein, bevor das Fleisch in den Topf kommt, da dieses nur eine sehr, sehr kurze Zeit (maximal 5 Minuten) mitgedünstet werden darf. Schließlich soll ein so zartes Fleisch innen noch rosa sein, nicht durchgebraten.

Es ist wahrscheinlich, daß der Kochvorgang, der insgesamt nicht länger als höchstens 15 Minuten dauert, problemlos gelingt, das heißt, daß alle Zutaten die richtige Konsistenz haben: Pilze, Sellerie und Lauch weich, Karotten und Kartoffeln mit einem leichten Biß und das Fleisch rosa. Wie aber steht es mit dem Aroma? Haben Wacholderbeeren und Lorbeerblätter deutliche Spuren hinterlassen? Reicht der Pfeffer, den man herausschmecken soll, für alle Zutaten? Und habe ich genug gesalzen? Das Würzen, nicht das Garen, ist hier der kritische Punkt. Was ich in den vergangenen 15 Minuten versäumt habe, läßt sich jetzt nur noch zum Teil (Salz und Pfeffer) korrigieren.

Gartenkräuter haben in meinem Reh-Gemüse nichts zu suchen, nicht einmal die harmlose Petersilie. Da ich auch keine Sauce brauche (dieses vertrackte Hindernis auf dem Weg zu jedem Festbraten), erweist sich das fast puristisch-klare Gericht zusätzlich auch noch als unkompliziert. Nicht festlich genug? Nun, wenn ich meinen silbernen Bräter auf den Tisch stelle (oder das Essen in einer großen Porzellanschüssel serviere), geben die Skeptiker sich geschlagen. Und wer da vermutet, das Ganze ließe sich auch mit einem Lammrücken herstellen, ist ein Schlaukopf.

THYMIAN-APFELKOMPOTT

Pro
Person:

*1 mittelgroßer Apfel, ¹/₂ Glas Wein,
1 EL Lavendelhonig, 4 Nelken,
Zitronensaft,
1 EL feingehackter,
frischer Ingwer,
1 Prise Thymianblüten, 1 Msp. Safranpulver
(Apfelschnaps,
Crème fraîche)*

Die Herstellung eines Apfelkompotts zu beschreiben, wäre Zeitverschwendung, wenn es sich um die traditionelle Zubereitung handelte. Doch diese Weihnachtsversion schmeckt nicht nur anders als gewohnt, sie wird auch etwas anders gekocht. Zunächst gilt es, ein Vorurteil gegenüber den Delicious-Äpfeln abzubauen. Sie, vor allem die grüne Sorte, sind saftiger als die traditionellen Boskop und haben auch genügend Säure. Deshalb werden sie von Köchen und Konditoren seit langem bevorzugt.

Also Äpfel schälen, vierteln, entkernen, in dünne Scheiben schneiden und würfeln. In einer Kasserolle zusammen mit Wein, Lavendelhonig, Nelken, der Ingwerwurzel und einer Prise Thymianblüten aufsetzen. Safranpulver unterrühren und langsam garen lassen. Dabei abschmecken.

Ich gebe zu, daß der ungewohnte Geschmack der exotischen Gewürze nicht jedermanns Sache ist. Damit meine ich vor allem Kinder. Die haben es gern eindeutig süß und sind gegen Experimente. Ihretwegen würde ich einen Teil des Kompotts ohne Safran und ohne Thymian lassen. Doch der Anteil der Erwachsenen soll diesmal nicht schmecken wie gewohnt. Also beim Abschmecken eher etwas Zitronensaft zugeben als weiteren Honig.

Da die Äpfel nicht in großen Stücken, sondern in sehr kleinen Würfeln gekocht werden, sind sie schnell gar, ohne daß sie wie üblich zu Brei werden. Das sollen sie nämlich nicht. Auch die beim Kompott entstehende Feuchtigkeit darf nicht suppig werden. Im Idealfall lassen sich aus diesem Kompott auf den Tellern kleine, runde Inseln formen, welche der Vater mit Apfelschnaps, die Mutter mit Crème fraîche einkreisen darf. Ich verzichte auf beides und trinke dazu einen leicht süßen Weißwein.

DIE WEINE

Den ersten Wein stimme ich auf die Jakobsmuscheln ab; die Toastscheiben vorher halten viel aus. An der unteren Loire wächst der Coulée de Serrant, ein hervorragender Weißwein, der vorzüglich altert. Er begleitet alles, was aus dem Meer kommt.

Zum Rehrücken natürlich ein Rotwein. Weil mir ein Mouton-Rothschild zu teuer ist, trinke ich den 1984er Château Gloria.

Und zum Dessert wieder einen Jurançon, diesmal aber mit einer feinen Süße: 1990er Clos Uroulat.

Menü 15

Rührei
mit schwarzen
Trüffeln

Flambierte
Gambas

Wildschweinkeule
mit Rotkohl
und Eßkastanien

Schottischer
Rosinenkuchen

Dieses Weihnachtsmenü steht ganz im Zeichen von – wie könnte es anders sein? – Europa. Gerade weil die europäische Einheit auch unsere Küche vereinheitlichen wird, soll hier daran erinnert werden, was es zu bewahren gilt: die schon längst gefährdete Individualität auf unseren Tischen. Deshalb ist der erste Gang der französischen Küche, der zweite der spanischen, der Hauptgang der deutschen und das Dessert der schottischen Küche gewidmet.

Den Kuchen kann, ja muß man, zwei, drei Tage im voraus backen. Auch die Hauptarbeit bei der Wildschweinkeule erledige ich am Vortag. *A la minute* zubereitet werden lediglich das Rührei und die Gambas.

RÜHREI MIT SCHWARZEN TRÜFFELN

**Für
4 Personen:**

*8 frische Eier,
3 EL Milch, Salz,
schwarzer Pfeffer,
Butter, 1 schwarze
Trüffel von 100 g*

Trüffel? Ja, Sie haben richtig gelesen. Dieser knollige Pilz, der aussieht wie ein Stück Kohle. Das Symbol für Luxus und Haut cuisine. Da es uns nie wieder so gut gehen wird, wie es uns bisher gegangen ist, wollen wir den Abschied von den goldenen Zeiten gebührend feiern. Mit einer schwarzen Trüffel von 100 g für 4 Personen. Das macht pro Person 25 Mark. Ganz schön verrückt, ich weiß. Kann sogar sein, daß Ihr Lieferant einen Weihnachtszuschlag erhebt zugunsten der armen Schweine, die die Trüffeln für die Besserverdienenden ausbuddeln müssen. Bis zu welchem Limit Sie der Habgier des Händlers folgen, hängt von Ihrer Bereitschaft ab, ans Ersparte zu gehen. Beim Kauf ist folgendes zu beachten: Es sollte eine Trüffel sein, nicht zwei kleine. Und sie muß deutlich duften! Aroma und Geschmack einer Trüffel sind ungewöhnlich. Etwas bitter, erinnert sie an feuchtes Herbstlaub; Kinder werden sie nicht sonderlich mögen. Trüffeln werden nicht geschält, sondern feucht abgebürstet und dann mit einem Fön getrocknet. Soll eine Trüffel mehrere Tage aufbewahrt werden, so legt man sie zusammen mit frischen Hühnereiern in ein verschlossenes Glas. Das starke Aroma überträgt sich auf die Eier, was den Effekt der Vorspeise dieses Menus verstärkt.

Und so wird sie zubereitet: die frischen Eier über einer Schüssel aufschlagen, die Milch zugeben und mit dem Schneebesen kurz verschlagen. Salzen. Dahinein jetzt die Trüffel hobeln. Wer keinen Trüffelhobel besitzt (der bei mir ständig benutzt wird, nämlich zum Hobeln von Knoblauch und Hartkäse), der nimmt einen Gurkenhobel.

Ob man sie so groß wie ein Zweimarkstück oder nur halb so groß hobelt, ist weniger entscheidend für den Geschmack. Unter die Eiermasse mischen und etwas schwarzen Pfeffer dazu. Ein großes Stück Butter auf dem Herd in einer Pfanne schmelzen, bis die Butter beginnt, braun zu werden. Die Eier hineingießen und nur 1 bis 2 Minuten, je nach Größe der Pfanne, garen lassen. Dabei immer wieder mit einem Spatel wenden. Aufpassen, daß das Rührei nicht trocken wird; es muß leicht cremig sein! Schnell auf *nicht* vorgewärmte Teller füllen und sofort servieren.

Es ist möglich, daß jemand, der zum ersten mal ein getrüffeltes Rührei ißt, die Frage stellt, ob ein Ei mit Tomaten und geriebenem Käse nicht besser schmecke. Vielleicht hat er recht. Auch ein Kombi ist meistens das vernünftigere Auto im Vergleich zu einem Ferrari. Aber Weihnachten ist nur einmal.

FLAMBIERTE GAMBAS

**Für
4 Personen:**

*8 Gambas, Oliven-
öl, 1 Glas Cognac,
Cayennepfeffer,
16 große, grüne
Oliven*

Zum zweiten Gang ist zu sagen, daß es die Gambas – auch Riesengarnelen genannt –
meistens nur tiefgefroren beziehungsweise aufgetaut gibt. Ein Nachteil, ganz klar. Aber
immer noch besser als Pellkartoffeln. Pro Person genügen zwei Stück. Die Oliven werden entkernt und in kleine Würfel geschnitten. Wenig Öl in der Pfanne sehr heiß werden lassen. Die geschälten Gambas hineingeben, salzen und pfeffern, nach 30 Sekunden
umdrehen, noch einmal salzen und pfeffern. Die zerkleinerten Oliven dazu und, sobald
die Gambas rot geworden sind, mit dem Cognac ablöschen und flambieren.

Das alles spielt sich in weniger als vier Minuten ab. Die Gambas dürfen auf keinen Fall
zu lange braten, sonst werden sie mehlig. In diesem Menu werden sie ohne jegliche Beilage gegessen. (Bei einer anderen Gelegenheit, als Hauptgericht, verdopple ich die Zahl
der Garnelen und serviere sie auf einem Safranreis mit weiteren Oliven und gedünsteten
und gewürfelten roten Paprikaschoten vermischt.)

WILDSCHWEINKEULE MIT ROTKOHL UND ESSKASTANIEN

**Für
4 Personen:**

*1 kg Wildschwein-
keule (entbeint)*

*Für die Marinade:
2 Flaschen Barbera
oder einen Côtes
du Rhône, 10 Wa-
cholderbeeren,
2 Schalotten, 1 EL
schwarze Pfeffer-
körner,
3 Gewürznelken,
2 Lorbeerblätter,
3 Zweige Thymian,
2 EL Essig*

*Für den Fond:
Kalbsknochen, Ab-
fälle der Keule,
Räucherspeck,
1 Zwiebel,
1 Karotte, 1 TL To-
matenmark, 1 TL
Senfkörner, Rot-
wein, Thymian,*

Unser Hauptgang, das deutsche Wildschwein (zum Trüffelsuchen zu dumm), wird am
Vortag mariniert und dann 4 oder 5 Stunden mit der Niedrigtemperaturmethode gegart.
Einfacher und sicherer kann man einen Braten nicht auf den Tisch bringen!

Die Keule wird großzügig pariert, das heißt, alle Häute und andere unansehnliche Teil-
chen werden abgeschnitten. Dieses Abfallfleisch nennt man Parüren. Vorsichtshalber
habe ich davon zusätzlich noch 200 g gekauft, die brauche ich für den Fond.

Die Keule lege ich in die Marinade (die Schalotten wurden dafür in Scheiben geschnitten, Pfeffer und Wacholder im Mörser grob geschrotet), wo sie mindestens 24 Stunden,
vollständig vom Wein bedeckt, ziehen darf. Ein weiterer Ruhetag schadet ihr auch nicht.
Ab und zu in der Marinade herumdrehen.

Auch den Fond bereite ich im voraus zu. Dazu werden die Fleischabfälle zusammen
mit einigen Kalbsknochen in Räucherspeck angebraten, bis sie gut gebräunt sind. Eine
halbe zerschnittene Karotte und eine grob gehackte Zwiebel dazugeben sowie Thymian,
1 TL Tomatenmark und 1 TL Senfkörner. Mit Rotwein aufgießen, kochen lassen, bis der
Wein fast verdunstet ist, dann mit Wasser auffüllen und 3 Stunden ruhig köcheln lassen.
Von Zeit zu Zeit mit Wasser auffüllen. Durchsieben und kalt stellen. Am nächsten Tag
das abgesetzte Fett abschöpfen.

Am Weihnachtsmorgen nehme ich das Fleisch aus der Marinade, trockne es gründlich
ab und binde es mit Garn zusammen. Es wird mit Salz und schwarzem Pfeffer eingerie-
ben und in einem Bräter, der nicht größer sein sollte als das Fleisch, in einem Butter-
Öl-Gemisch vorsichtig von allen Seiten angebraten. Das dauert glatt 20 Minuten, denn es
muß wirklich vollkommen zugebraten sein! Aber damit ist denn auch die wichtigste Arbeit getan.

Nun schiebe ich den Bräter in den auf 85° vorgeheizten Backofen, wo er drei, vier oder
auch fünf Stunden vergessen werden kann! Es kommt wirklich nicht darauf an; nur darf
die Temperatur auf keinen Fall höher sein!

*Öl, Butter, Senf,
Salz, Pfeffer,
Preißelbeeren (oder
Johannisbeergelee),
Cognac, Portwein*

*Eßkastanien
(ca. 8 pro Person),
Butter, Zucker,
Rotkohl*

Die Marinade gieße ich durch ein Haarsieb in den Fond und lasse alles einkochen. Dabei wird der Fond trüb, was aber nur ein Schönheitsfehler ist. So weit reduzieren, bis nur noch $1/8$ l übrigbleibt. Mit Senf, eventuell Essig und Salz abschmecken. Die Sauce sollte sehr kräftig schmecken! Portwein oder ein Schuß Cognac könnten deshalb nötig sein (der Alkohol verfliegt durchs Kochen vollständig), ein paar Preißelbeeren oder etwas Johannisbeergelee runden den Geschmack ab. Das ist die Stunde der Kreativen, hier können sie zeigen, was in ihnen steckt! (Geriebener Ingwer? Geriebene Honigkuchen? Pumpernickel?) Ganz zum Schluß, kurz vor dem Servieren, 3 EL kalte Butterstücke mit dem Schneebesen einmontieren, dabei aber nicht mehr kochen lassen.

Wieso währenddessen der Braten unbeaufsichtigt garen darf, weiß ich eigentlich auch nicht. Weder verbrennt er, noch wird er trocken. Im Gegenteil, er ist auch nach vielen Stunden innen noch leicht rosa und saftig. Und das, ohne ihn zu spicken oder unentwegt zu begießen! Bedenken sollte man jedoch, daß man das Stück Fleisch später nicht nachwürzen kann; es muß also beim Anbraten auf dem Herd schon genügend gesalzen und gepfeffert werden! Entscheidend für das Gelingen ist hier also nur das Alter der Wildsau; mit dem Rest wird die Niedrigtemperaturmethode spielend fertig – unabhängig vom Gewicht der Keule. Die Garzeit bleibt dieselbe!

Als Beilage gibt es den für Wildgerichte klassischen Rotkohl und Eßkastanien. Wer frischen Rotkohl zu verarbeiten weiß, braucht dafür an dieser Stelle wohl kein Rezept (s. Seite 134); alle anderen nehmen Rotkohl sowieso aus der Dose. (Wogegen weniger einzuwenden ist als bei anderen Konserven.)

Aber Kastanien werden relativ selten gegessen, obwohl sie bei Wildgerichten besser sind als Kartoffeln: Pro Person brauche ich 8 Kastanien. Die werden wenige Minuten unter dem Grill oder der sehr heißen Oberhitze im Backofen erhitzt, bis die Schale schwarz wird oder sogar platzt. Nun lassen sie sich leicht schälen. Auch die feine Haut, die jetzt noch dran ist, wird abgezogen. Die Kastanien sind bereits dreiviertel gar. Deshalb glasiere ich sie jetzt wie Karotten: Butter heiß werden lassen, 1 TL Zucker dazu und darin die Kastanien leicht anrösten. Dann mit Wasser knapp bedecken und auf starker Hitze kochen, bis alle Flüssigkeit verdunstet ist und sich ein feiner Zuckerfilm um die Kastanien bildet.

Ob sie dazu ganz gelassen oder in Stücke geschnitten werden, ist Geschmackssache. Sie ergänzen sich jedenfalls schön sowohl mit Rotkohl als auch mit kräftigen Wildsaucen.

SCHOTTISCHER ROSINENKUCHEN

(Dundee Cake)

je 225 g Butter, Mehl, Zucker; 1 Prise Salz, 2 unbehandelte Orangen, 4 Eier, 80 g gemahlene Mandeln, 1 EL Zitronat, 100 g Korinthen, 100 g blonde Rosinen, 100 g braune Rosinen, 6 ganze kandierte Kirschen, 40 geschälte und halbierte Mandeln

(Rumparfait)

Der Schottische Rosinenkuchen ergänzt sich wunderbar mit einem Rumparfait. Ohne dieses serviert, ist er wiederum ein herrlicher Anlaß, einen Dessertwein zu trinken, also eine Beerenauslese oder Portwein. Und Arbeit macht er Weihnachten keine, weil er schon mehrere Tage in Folie eingepackt durchzieht.

Die Orangen werden gewaschen und getrocknet; die Schale wird mit einem Zestenschneider in kurze, dünne Streifen geschnitten, die man Zesten nennt. Das sollte 2 EL Orangenzesten ergeben. Butter und Zucker schaumig rühren. Die Orangenschalenstreifen und danach die Eier, eins nach dem anderen, unterrühren.

Nach jedem Ei 1 EL Mehl einrühren. Sodann die geriebenen Mandeln, die Kirschen, das Zitronat, die Rosinen, das Salz und das restliche Mehl hinzugeben. Eine 18-cm-Springform ausbuttern, den Teig einfüllen, dicht mit den halbierten Mandeln belegen und mit Backpapier abdecken. Im auf 140° vorgeheizten Ofen 2½ Stunden backen.

Messerprobe machen (die Klinge muß sauber bleiben). Einige Minuten warten, bevor die Springform geöffnet wird.

Wenn es denn ein Rumparfait sein muß: wird genauso gemacht wie jedes andere Parfait (Eigelb, Zucker, Sahne; s. Seite 46), nur daß hier statt Zimt oder Vanille ein Glas Rum als Aroma herhalten muß.

Wie ich eingangs schon sagte: So gut geht's uns nie wieder.

DIE WEINE

Es gibt nur einen Wein, der zu Rührei paßt, der trockene »Y«, der Zweitwein von Château d'Yquem; der 1979er ist ideal. Weil ich ihn besonders gern trinke, gibt's ihn auch zu den Gambas.

Das wuchtige Wildschwein verlangt nach einem gleichermaßen mächtigen Wein. Ich öffne eine Flasche 1985er Château Montus, Cuvée Prestige. Ein Madiran, der keinen Vergleich zu scheuen braucht.

Und zum Dessert das dritte große Kaliber in diesem Menü: 1977er Graham's Port, wie geschaffen für den Rosinenkuchen.

Die in diesem Buch versammelten 15 Menüs hat Wolfram Siebeck in den Jahren von 1978 bis 1992 im ZEIT*magazin* vorgestellt und damit für neue Akzente in deutschen Küchen gesorgt. Der Verlag hat die Menüs auf festlichem Porzellan neu fotografieren und durch detaillierte Weinempfehlungen ergänzen lassen. So kam die Zusammenarbeit mit *Cartier* und *Alpina* zustande. Die Produkte des Hauses *Cartier* sind erhältlich in ausgewählten Geschäften des gehobenen Fachhandels und in den *Cartier*-Boutiquen. Die Weine, Champagner und Edelbrände des Hauses *Alpina* können direkt bezogen werden von: *Alpina* GmbH, Alpenstraße 35–37, 86807 Buchloe. *Alexander Carroux* und *Michael Reich* schließlich, der eine hinter der Kamera, der andere am Herd, sorgten dafür, daß die Gerichte nicht nur am Gaumen und auf der Zunge schmecken, sondern bereits das Auge erfreuen.

REGISTER

———